Muhammed Al Ghazali
Über die Freundschaft

Über die Freundschaft

Aus Muhammed Al Ghazalis
»Ihya Ulum Al Din«

Übersetzt von

Franz Langmayr

Perlinger

Brixentaler Straße 61, A-6300 Wörgl, Austria
Gesamtherstellung: Welsermühl, Wels

ISBN 3-85399-033-9
Printed in Austria

Vorwort des Übersetzers

»Voll von Freunden war mir die Welt«, klagt ein Dichter, »als mein Leben noch licht war. Doch jetzt, da der Nebel fällt, ist keiner mehr sichtbar.«* Und Ovid, der große Dichter des Altertums, der sein Leben in Verbannung verbittert beschloß, kam fast gleichlautend zu dem Schluß: »Solange du glücklich bist, wirst du viele Freunde zählen, wenn die Zeiten aber umwölkt sind, wirst du allein sein.«
Der Wankelmut der Freundschaft und der Opportunismus der Freunde sind ein zentrales Thema in der Literatur wie auch in der Geschichte des Abendlandes.
Ist das wirklich nur im Abendland so? Es gibt keine Statistiken, die uns sagen würden, ob Freundschaften im Orient beständiger sind als bei uns. Aber man kann Unterschiede beobachten sowohl in der philosophischen Grundhaltung als auch

* Hermann Hesse, »Im Nebel«

im wirklichen Leben, die einen solchen Schluß nahelegen.
Ist nicht die »orientalische Gastfreundschaft« sprichwörtlich? Nimmt sich nicht der traditionelle Orientale mehr Zeit, um für seine Freunde da zu sein, als der Abendländer, der ständig hinter seinen eigenen Zielen herjagt? Und ist nicht dem Abendländer die Freundschaft mit anderen manchmal peinlich, besonders wo sie persönliches Engagement erfordern würde?
Ja, gießen wir nicht manchmal aus Abscheu vor »orientalischen Zuständen« der Korruption und Vetternwirtschaft das Kind mit dem Bade aus und meinen dann etwa, ein Mächtiger sollte gar keine Freunde haben? Dieser Gedanke mag auf manche verwirrend wirken, die sich dann fragen: Wenn selbst ein Mächtiger keine Freunde haben darf, wieso dann ich? Und so wie vom Mächtigen erwartet wird, daß er dem Recht »ohne Ansehen der Person« Geltung verschafft, so verteilen dann auch sie ihre Gunst ohne Begeisterung so

gleichmäßig auf die anderen, daß nur wenig – und jedenfalls keine wahre Freundschaft – davon übrig bleibt.
Vielleicht ist das die bewußt oder unbewußt verzerrte Logik vieler Menschen im Abendland. Und in der Logik sind wir in unserer Computer-Zivilisation ja sehr groß. Dadurch kommt unsere richtige Einstellung zum Leben manchmal unter die Räder. Unsere Probleme mit dem Alkoholismus, dem Selbstmord und dem »Aussteigertum« – um nur einige zu nennen – beweisen dies.
Daher sehnen wir uns heute nach einer Vernunft des Herzens, die unserer Logik in nichts widerspricht und alles das mit umfaßt, was unser Herz erfüllt und unserem Leben einen Sinn gibt, vor allem die Liebe zu den Menschen und – in der einen oder anderen Form in Gedanken und Worte gefaßt – die Liebe zu Gott.
Diese Sehnsucht führt uns auf einen Weg. Beharrliche Bemühung ist notwendig, jene Ängste zu überwinden, die als logische

Argumente gegen die Freundschaft und gegen die innere Religion des Herzens zu uns kommen. Dann aber hat das neu entstandene Selbstbewußtsein des Herzens seine eigene Logik. Ihm ist klar, daß der Mächtige sehr wohl seine Freunde haben darf und überhaupt ein jeder, und daß ungerechte Bevorzugung gar nicht zum Wesen der wahren Freundschaft gehört.

Wahrscheinlich war das nur ein kleines Beispiel für die Überwindung Tausender bewußter oder unbewußter Vorbehalte zugunsten einer egoistischen Lebenseinstellung, die tagtäglich gemacht werden.

Und doch kann man sehen, daß alle solchen Vorbehalte ihren richtigen Kern haben: Natürlich muß die Freundschaft edlen Zwecken dienen, wenn sie wirklich wertvoll sein soll, sie darf keine Komplizenschaft in zweifelhaften Unternehmungen sein. Die Dichtung zeigt sogar Fälle auf, wo sie geopfert werden muß. Aber vor allem muß Freundschaft gelebt und genossen werden, wenn sie zu schöpferischer

Zusammenarbeit zum Wohle der Menschheit führen und dem einzelnen helfen soll, seinen ihm hinderlichen Egoismus zu vergessen. Das ist eine sehr feine Kunst, in der wir sicher vom Orient lernen können.

In der Geschichte aller Völker und Kulturen gibt es helle und dunkle Punkte, so auch in der Geschichte des Abendlandes. Wir haben hier zum ersten Mal das Schießpulver für kriegerische Zwecke verwendet, und wir haben mit seiner Hilfe einen großen Teil der Welt unterworfen, kolonisiert und unterdrückt. Aber wir haben, als Folge der entstandenen Rückschläge, schon eingesehen, daß es so nicht weitergeht, und wir befinden uns in einem ungeheuren Lernprozeß. Wir sind dabei, unseren Egoismus echt überwinden zu lernen. Religiöse Lehren aus dem Osten sind bei uns »in«, besonders unter der jüngeren Generation, weil wir irgendwoher die Überzeugung haben, daß sie uns bei dieser Selbstüberwindung helfen können.

Wir haben längst verstanden, daß wir selbst für die Probleme verantwortlich sind, unter denen wir leiden. Jetzt mehr denn je ist die abendländische Zivilisation durch den Wunsch vieler einzelner Menschen gekennzeichnet, sich selbst und damit auch vieles rundum zum Besseren zu verändern und die ganze Welt nach Konzepten und Methoden abzusuchen, die dabei hilfreich sein können.

Aber noch ist diese Selbstüberwindung nicht vollzogen. Noch stecken wir mitten in den Problemen. Noch ist der Egoismus überall am Werk. Im Alltag unseres Berufslebens ist nicht viel Zeit für Liebe und Freundschaft. Ein riesiger Generationenkonflikt zerrüttet die Familien, und die Scheidungszahlen sind erschreckend.

An unserer christlichen Religion liegt es nicht. Christus hat uns sogar gelehrt, auch unsere Feinde zu lieben. Aber es liegt an uns: Wie sollen wir unsere Feinde lieben können, solange wir die Zeit und die Opfer scheuen, die es uns kosten würde, unsere

Liebe zu unseren Angehörigen und Freunden tiefer und erfüllender zu gestalten, solange uns die magische Wirkung verborgen bleibt, die Liebe und Freundschaft solcherart auf unser Leben haben können? Aber der Fortschritt geht weiter, und während die einen noch an der immer weiteren Vermehrung und »Verbesserung« der Massenvernichtungsmittel arbeiten, suchen andere schon den ganzen Globus nach allem ab, was uns dazu helfen könnte, genau jenen Egoismus in uns selbst zu überwinden, der jene Probleme erzeugt, die die Massenvernichtungsmittel erforderlich zu machen scheinen.
Unsere Welt wird kleiner. Von Jahrzehnt zu Jahrzehnt kommen die Völker einander näher – meist viel schneller als ihre Politiker das zulassen wollen. Noch nie wußten die Angehörigen der verschiedenen Kulturen so viel voneinander wie heute und noch nie hatten diese so gute Möglichkeiten wie heute, einander zu besuchen und kennenzulernen.

Das führt zu großen Veränderungen. Jeder Mensch hat Probleme, die er mit Hilfe seines Wissens zu lösen versucht. Mehr als zu jeder anderen Zeit erstreckt sich heute das Wissen jedes einzelnen nicht nur auf dessen nächste Umgebung, sondern auch auf das, was er durch Massenmedien, Vorträge, Bücher und Bekannte über andere Völker und ihre Lebensgewohnheiten erfahren hat.

So sind wir nicht länger gleichsam gezwungen, so zu leben, wie man es in unserer Umgebung immer getan hat, sondern wir haben mehr denn je die Möglichkeit, uns auch Problemlösungen und Verhaltensweisen zu eigen zu machen, die wir von anderen Kulturen her kennen. Das gilt für banale Dinge wie Kochrezepte ebenso wie für den Umgang mit Menschen.

Dadurch besteht nicht mehr ein Nebeneinander der Kulturen, sondern eine gegenseitige Durchdringung.

Da in jedem Volk und in jeder Kultur bestimmte Stärken und bestimmte

Schwächen sichtbar werden, muß dieser gegenseitige Lernprozeß auf lange Sicht zu einer Weltzivilisation führen, die hauptsächlich die Vorzüge der verschiedenen heutigen Kulturen vereinigt. Es scheint, als hätte das unter die Völker zersplitterte Wissen der Menschheit heute mehr denn je das Bestreben, sich zu einem wunderbaren Ganzen zu vereinigen.

Da werden Feinde zu Freunden. Auch die Welt des Islam und ihre Kultur, die der Christenheit Jahrhunderte hindurch als das Feindbild Nummer eins hingestellt wurde, enthält unentbehrliche Steine für das Mosaik einer künftigen fortschrittlichen Welt. Einer dieser Mosaiksteine, vielleicht der wichtigste, ist die Kunst der Pflege der Freundschaft.

Sicherlich gibt es in jeder religiösen Tradition Elemente, die für den oberflächlichen Betrachter schwer verständlich sind und die zu menschlichen Problemen führen können. Dafür gibt es aber andere, die den Betrachter begeistern und der ganzen Welt als Vorbild dienen können. Der praktisch eingestellte Betrachter ist jedenfalls der, der sich für die begeisternden und vorbildlichen Seiten der betrachteten Tradition interessiert. Nur sie können ihm zur Lösung seiner Probleme von Nutzen sein.

Daher mag es durchaus sein, daß die Welt des Islam – ebenso wie die unsere – nicht vollkommen ist. Es geht nicht darum, daß wir Moslems werden wollen, sondern es geht darum, daß wir eine der großartigen Seiten dieser Welt studieren und uns vielleicht zu eigen machen wollen: Die Kunst, sich selbst zu vergessen in der Liebe zu seinen Freunden.

Bei oberflächlicher Betrachtung einer anderen Kultur ist man oft geneigt zu meinen, die besonderen charakteristischen Gewohnheiten und Denkweisen seien den Menschen dort angeboren. Aber ist uns das besondere Wissen angeboren und der Wunsch nach dem Geldverdienen, die man uns Abendländern als charakteristisch

nachsagt? Ist dem Deutschen seine Gründlichkeit angeboren, die man ihm nachsagt?
Nein, mindestens ein Teil davon ist anerzogen.
Und so ist auch den Moslems die Kunst, Freundschaft auf der Grundlage des Koran und der alten Schriften zu pflegen zum Teil anerzogen.
Eine der bedeutendsten Schriften des Islam zu diesem Gegenstand haben wir hier vor uns. Ihr Verfasser Muhammed Al Ghazali lebte in den Jahren 1058 bis 1111 unserer Zeitrechnung in Persien und gehört zu den großen Lehrern und Reformatoren des Islam. Man hat ihn den bedeutendsten Moslem seit Muhammed genannt.
Schon vor Jahrhunderten ist er den europäischen Gelehrten unter dem Namen Alghazel bekannt geworden. Besonders durch seine Schrift »Destructio Philosophorum«, von welcher noch die Rede sein wird.

Es ist ein tief verwurzelter Glaube der Moslems, daß alle hundert Jahre ein geistiger Lehrer geboren wird, um den Islam aus sich heraus zu erneuern. Dieser Erneuerer war für seine Zeit Muhammed Al Ghazali. Wir wollen im folgenden nur einige wichtige Fakten aus seinem Leben anführen, die uns eine Vorstellung von dem Manne geben sollen, dessen Werk wir hier vor uns haben.

Über den Autor

Sein voller Name war Abu Hamid Ibn Muhammed Al Tusi Al Shafi'i Al Ghazali. Er wurde 1058 in Tus in Chorassan, der nordöstlichen Provinz Persiens, geboren. Schon bei seinem Studium in Nishapur zeigte sich seine geniale Begabung für Rhetorik und scholastische Gelehrsamkeit. Persien stand damals unter der Herrschaft der türkischen Seldschuken, die bestrebt waren, das Volk im Geist der überlieferten Religion zu festigen. Im Jahre 1091 begab sich Al Ghazali an den Hof des Seldschukenwesirs Nizam Al Mulk nach Bagdad, der ihn dort als Lehrer an seiner von ihm neu gegründeten Hochschule einstellte. Die vier Jahre, die er dort blieb, könnte man Al Ghazalis wissenschaftliche Phase bezeichnen. Er verfaßte mehrere philosophische Abhandlungen, welche zu den bedeutendsten Leistungen des Islam auf dem Gebiet der Philosophie gezählt werden.

Mit allen Formen der religiösen Lehre setzte er sich auseinander: Mit der scholastischen Dogmatik seiner Zeit, mit den Heilslehren verschiedener ketzerischer Sekten, mit der Philosophie und mit jener Art von Religiösität, die den späteren Teil seines Lebens bestimmen sollte: mit der Mystik der Sufis.

Bis ins Abendland drang der Ruhm seiner »Destructio Philosophorum«. In dieser machte er klar, daß das philosophische Denken nicht über die göttliche Offenbarung gestellt werden darf.

Auf dem Höhepunkt seines Ruhmes fand er sich jedoch in einer inneren Krise. Seine Arbeit befriedigte ihn nicht mehr und mit großem Entsetzen mußte er sich eingestehen, daß mehr der Ehrgeiz, als die Sehnsucht nach Gott, Triebfeder seines Handelns war. Schon früh hatte er sich mit der Mystik der Sufis befaßt, jener zurückgezogenen Suche nach der geistigen Vollendung, wie sie in fast allen Religionen von einigen wenigen unternommen wird. Für sie ist die religiöse Lehre kein Selbstzweck, sondern der Weg zur Vollendung in Gott, der sie in täglicher und stündlicher Bemühung den immer höheren Zuständen der Freude und der Gottesschau entgegenführt.

Al Ghazali erkannte, daß er jetzt diesen Weg der Frömmigkeit und der Askese gehen mußte, um jene innere Erfüllung zu finden, nach der er suchte.

Ein halbes Jahr lang, so berichtet er uns, zögerte er mit dem Entschluß, von Bagdad fortzugehen. Dann wurde seine Krise akut. Er konnte plötzlich nicht mehr sprechen und er wurde so krank, daß sein Fall von den Ärzten für hoffnungslos erklärt wurde. Mit verzweifelter Innigkeit betete er zu Gott, der ihn schließlich erhörte. Seine Gesundheit kehrte zurück, und er wußte nun, was er zu tun hatte. Er verließ Bagdad, trennte sich von seiner Familie, seinem Ruhm und seinen Freunden und ging auf die Wanderschaft, auf die Suche nach Gott. Zehn Jahre verbrachte er so. Er ging nach

Mekka und dann weiter nach Syrien, wo er zwei Jahre auf einem Minarett der großen Moschee von Damaskus verweilte. Danach begab er sich nach Jerusalem, wo er seine geistigen Übungen im Felsendom fortsetzte.
Später machte er niemals den Versuch, diese letzten Phasen seiner inneren Kämpfe um die göttliche Erleuchtung zu beschreiben. Gleich den übrigen großen Mystikern aller Religionen war er der Überzeugung, daß die Sprache des Menschen zu schwach ist, um solches Geschehen auszudrücken. Und auch als sein Streben schließlich die Erfüllung fand und ihm zu einem Leben äußerlicher Pflichterfüllung zurückzukehren erlaubte, machte er darüber nur eine Andeutung: »Es war, was war, was ich nie sagen werde. Denke gut davon und frage nicht!« *
In den folgenden Jahren wanderte Al Ghazali bald hierhin, bald dorthin. Überall

* Zitiert aus »Das Elixier der Glückseligkeit«, Diederichs Verlag

predigte er zu den Menschen. Er forderte sie auf, sich von der Anhänglichkeit an die vergänglichen Freuden der Welt zu lösen und ganz in der Suche nach Gott aufzugehen.

Und er schrieb wieder, nämlich die »Ihya Ulum Al Din« (zu deutsch etwa: »Die Erneuerung der religiösen Wissenschaften«), das Werk, das ihn zum gefeierten Erneuerer des Islam machen sollte.

Da der vorliegende Text »Über die Freundschaft« eines der Herzstücke eben dieses Werkes ist, werden wir uns mit der »Ihya« noch näher beschäftigen müssen.

Al Ghazalis weiteres Leben ist rasch erzählt. Fachr Al Mulk, dem Sohn und Nachfolger seines einstigen Gönners Nizam Al Mulk, kam die große geistige Wende in Al Ghazalis Leben zu Ohren. Er begrüßte ihn als den ersehnten Erneuerer und ersuchte ihn, seine offizielle Lehrtätigkeit wieder aufzunehmen. Nur zögernd nahm Al Ghazali an und ging nach Nishapur in seiner Heimatprovinz Chorassan. Aber schon

bald zog er sich in seine Heimatstadt Tus zurück, wo er sich vor allem der Ausbildung jener zuwandte, die sich, wie er selbst, der Suche nach Gott verschrieben hatten. Er betreute eine klösterliche Gemeinschaft von Sufis, die er selbst gegründet hatte und fand daneben noch etwas Zeit für öffentliche Lehrtätigkeit.
Al Ghazali starb in Tus im Jahre 1111, nachdem er im Bewußtsein seines herannahenden Todes furchtlos die rituelle Waschung vollzogen hatte. Seine letzten Worte waren: »Ich höre und gehorche, zum Eintritt beim König.« *
So müssen wir verstehen, daß Al Ghazali ein Mystiker ist und kein Scholast und auch kein Moralist mit erhobenem Zeigefinger. Seine einfachen Lehren hat er aus seiner eigenen Gottesschau geschöpft, so wie es die großen Religionsstifter und ihre Apostel getan haben. Und gerade darum wirken diese Lehren weit über ihre Zeit

* Zitiert aus »Das Elixier der Glückseligkeit«, Diederichs Verlag

hinaus und sind ihrem Wesen nach zeitlos. Al Ghazali ist weder ein sturer Rationalist, noch ein schwärmerischer Frömmler. Sondern mit schlafwandlerischer Sicherheit findet er immer wieder die richtige Mitte zwischen Herz und Verstand, wie man es bei den wahren Mystikern aller Religionen immer wieder antrifft.

Wir werden erleben, wie ihn seine tiefe Intuition mit messerscharfer Logik an die gestellten Einzelprobleme heranführt. Und doch verliert er niemals den Blick aufs Ganze des menschlichen Lebens. Jeder seiner Standpunkte ist zutiefst menschlich und dem Herzen des Lesers verständlich.

Seine Sprache ist nicht das wissenschaftliche Kauderwelsch der betriebsblinden Scholasten, das zu verstehen ein jahrelanges einschlägiges Studium voraussetzt, sondern es ist die einfache Sprache des Herzens, die jedes Kind verstehen kann.

Die Bescheidenheit gebietet ihm, daß er nur gelegentlich selbst das Wort ergreift und statt dessen meist jene zu Wort kommen läßt, die seinem Leser von der religiösen Überlieferung her oder sonst durch den Ruf der Heiligkeit, in dem sie stehen, ein Begriff sind. Natürlich war es Al Ghazali selbst, der aus ganzen Bibliotheken, die ihm zur Verfügung standen, jene Stellen zum Zitieren ausgewählt hat, die seinen Standpunkt in einer Sprache wiedergeben, die seiner eigenen am nächsten kommt.

Einige Erläuterungen

Was Al Ghazali vor neunhundert Jahren geschrieben hat, bedarf auch heute kaum der Erläuterung. Wir wollen hier nur auf einzelne grundlegende Zusammenhänge eingehen, die dem damaligen Leser vielleicht deutlicher klar waren als uns heute. Zunächst wollen wir uns den Zweck vor Augen halten, für den der vorliegende Text geschrieben wurde. Er sollte nicht eine Sammlung von Rechtsnormen oder gesellschaftlicher Anstandsregeln sein, sondern eine Sammlung von Empfehlungen für den Pilger auf seinem Weg zur Vollkommenheit in Gott.

Das heißt, es soll jedem Freunde freistehen, die hier gegebenen Empfehlungen anzuwenden und zu sehen, wie ihn die tiefe Innigkeit der Freundschaft, die er auf diese Art erreichen kann, innerlich Gott näher bringt und wie auch die Unterstützung im Gebet und in der Tugend, die er von seinem Freunde erfahren wird, sein geistiges Leben bereichert.

Al Ghazali zählt uns die Pflichten aus der Freundschaft nicht deshalb auf, damit wir Rechte aus ihnen ableiten, die wir den Freunden gegenüber geltend machen. Was er uns sagt, soll nicht dazu dienen, daß wir es unseren Freunden vorhalten, sondern es soll uns die ungeheuren Möglichkeiten aufzeigen, die wir haben, unsere Freundschaft mit dem anderen tiefer und erfüllender zu gestalten.

Auch der Gegenstand des vorliegenden

Textes bedarf einer kurzen Erläuterung. Der arabische Titel dieses Teils der Ihya heißt wörtlich übersetzt: »Von den Pflichten der Bruderschaft in Gott.«
Wir haben für Bruderschaft in Gott das Wort Freundschaft gesetzt, weil es von den uns geläufigen Worten am ehesten jenen Sachverhalt bezeichnet, um den es hier geht.
Ganz genau ist das aber nicht der Fall, denn zwischen dem, was wir Freundschaft nennen und der Bruderschaft in Gott, wie sie den Arabern auch heute noch sehr viel bedeutet, bestehen zwei wichtige Unterschiede:
Erstens entsteht die Bruderschaft in Gott nicht wie unsere Freundschaft, mehr oder minder zufällig dadurch, daß man sich mit einem anderen anfreundet, sondern sie wird bewußt begründet durch das gegenseitige Versprechen, dem anderen ein Bruder in Gott zu sein. Wenn Blutsverwandtschaft zwischen den betreffenden besteht, so ist dies kein Hindernis.

Zweitens hat die Bruderschaft in Gott vor allem einen geistigen Zweck: Die gegenseitige Unterstützung in der Tugend, im Gebet und vor allem auf der Suche nach der geistigen Vollendung und dem Erleben der Gegenwart Gottes.

Beides ist bezeichnend für die Tiefe, Wichtigkeit und Heiligkeit, die der Moslem in der Freundschaft sieht, was zu vermitteln der Zweck dieses Buches ist.

Trotz aller psychologischen Feinheit und Geistesschärfe, in der uns das Thema präsentiert wird, haben wir es bei Al Ghazalis Werk nicht mit einem systematischen Lehrgebäude zu tun. Es wird in einer Art Zwiesprache mit dem Leser ein wichtiger Punkt nach dem anderen an Hand von Beispielen und in Bildern abgehandelt, wie das zu jener Zeit üblich war und wie es auch heute der Weg ist, schwierige Sachverhalte begreiflich zu machen. Oft werden die Fragen, die sich beim Lesen eines Absatzes aufdrängen, in einem der nächsten beantwortet.

Anders als viele der heutigen Lehrer spricht Al Ghazali nur wenig von den Vorteilen, die das tugendhafte Handeln mit sich bringt. Und doch fühlt sich der Leser wieder und wieder angesprochen und motiviert von seinen Worten, was an die Botschaft erinnert, die der große Immanuel Kant an den Wiedertäufer-Prediger Sulzer gerichtet hat:

»Denn die gemeinste Beobachtung zeigt, wenn man sich eine Handlung der Rechtschaffenheit vorstellt, wie sie von aller Absicht auf irgendeinen Vorteil in dieser oder einer anderen Welt abgesondert, selbst unter den größten Versuchungen der Not oder der Anlockung mit standhafter Seele ausgeübt worden, ... sie die Seele erhebe und den Wunsch errege, auch so handeln zu können. Selbst Kinder von mittlerem Alter fühlen diesen Eindruck, und ihnen sollte man Pflichten auch niemals anders vorstellen.«*

* Immanuel Kant, »Grundlegung zur Metaphysik der Sitten«, Fußnote zum zweiten Abschnitt.

Zu allen Zeiten war dies die Lehrmethode der großen Lehrer der Menschheit.
Es mag sein, daß der Leser hin und wieder einen Widerspruch zwischen verschiedenen Passagen des Buches festzustellen glaubt. Er soll in einem solchen Fall nicht zögern, der Sache anhand des Textes und des Nachdenkens über seine eigene Lebenserfahrung nachzugehen.
Der vorliegende Text ist keine mechanisch zu befolgende Anweisung zum Umgang mit Freunden in allen Lebenslagen, sondern es werden tiefe psychologische Grundlagen der Reihe nach erklärt, die nebeneinander Geltung haben, und zwischen denen es dann wieder Konflikte geben muß, über die nachzudenken es sich in jeder Hinsicht lohnt.
Obwohl Al Ghazalis Text beim Lesen keine Schwierigkeiten bereitet, hat er doch, wie die Worte aller wahrhaft großen Menschen, eine ungeheure Tiefgründigkeit, so daß es bereichernd ist, sich auch nach dem ersten Lesen wieder und wieder damit zu

beschäftigen, was einen dann, auch anhand der eigenen Lebenserfahrung, zur Erforschung aller dieser verborgenen Feinheiten führen kann.
Für die Menschen seiner Zeit beschrieb Al Ghazali die Freundschaft von Mann zu Mann. Aber es ist ganz offenkundig, daß die Prinzipien, wie er sie schildert, auch in jeder anderen Art von Freundschaft Geltung haben, besonders auch für das Zusammenleben in der Ehe und in der Familie. Und auf eine subtilere Art wird sicher das ganze Leben von den feinen Gesetzen regiert, von denen hier die Rede ist.

Zum Text

Al Ghazalis gewaltiges Gesamtwerk, das teils in klassischem Arabisch und teils in persischer Sprache abgefaßt ist, ist erst in sehr kleinen Auszügen in europäische Sprachen übersetzt worden. Eine wichtige Aufgabe liegt hier noch vor uns. Denn

nicht nur Religion, Philosophie und menschliches Zusammenleben sind Gegenstand seiner scharfsinnigen Betrachtungen, sondern auch Politik, Jurisprudenz und Medizin.
Sämtliche, von Al Ghazali erwähnten und zitierten Personen historisch zu erläutern, hätte zu weit geführt.
Wer es unternimmt, die ungeheuer inspirierende Geschichte der ersten Jahrzehnte des Islam in einem der Standardwerke nachzulesen, dem werden viele von ihnen wieder begegnen: Der Prophet Mohammed, sein Oheim Al Abbas und dessen Sohn Abdullah, sein Vetter und Schwiegersohn Ali, sein Gefährte und erster Kalif Abu Bekr Al Kattani, der zweite Kalif Omar und sein Berater Maymun Ibn Mahran, sowie Hudhayfa Al Mar'ashi und Abu Umam Al Bahili als weitere Gefährten des Propheten und der große Feldherr Al Ahnaf.
Weiters kommen mehrere der Überlieferer zu Wort, die viele inspirierende Einzelhei-

ten aus dem Leben des Propheten zu berichten wissen, wie Abu Hureira, Sha'bi, Anas (Ibn Malik), Ja'far Ibn Sulayman und Ibn Uyayna.

Aus den späteren Generationen der Jünger des Propheten ist von den berühmten Lehrern Hasan (Al Basri) und Abu Sa'id Al Tawri die Rede ebenso wie von den großen Rechtsgelehrten Al Shafi'i, Al Hakam und Al Buwayti und von dem großen Dichter Ibn Al Mutazz, der 908 wegen einer angeblichen Verschwörung gegen den Kalifen hingerichtet wurde.

Sogar Gott selbst wird zitiert und damit meint Al Ghazali den Koran, dessen Offenbarung dem Propheten Mohammed durch den Erzengel Gabriel in Visionen kundgetan wurde. Wir haben bei Koranzitaten absichtlich nur die Sure angegeben, weil die Unterteilung der Suren in Verse bei verschiedenen deutschen Koranausgaben zum Teil verschieden vorgenommen wurde.

Auch Jesus Christus und Moses, die im Islam als große Propheten verehrt werden, kommen zu Wort. Und bei den meisten sonst noch erwähnten Namen handelt es sich, soweit sich nicht anderes aus dem Text ergibt, um bedeutende Sufis, Asketen, die im Rufe der Heiligkeit stehen, von denen wir hier nur den als »barfüßig« bekannten Bishr (Al Hafi) erwähnen wollen und Al Junayd, die beide im neunten Jahrhundert in Bagdad lebten.

Wie gesagt, die Namen tun im Zusammenhang mit der Botschaft des großen Al Ghazali nicht viel zur Sache. Sie beginnen nur für den zu leben, der sich näher mit der Geschichte vertraut macht, die mit ihnen zusammenhängt.

Im Text vorkommende arabische Namen sind in englischer Transliteration gehalten. Daher sind die Mitlaute so auszusprechen, wie es den Ausspracheregeln des Englischen entspricht, das heißt »j« als »dsch«, »ch« als »tsch«, »y« als »j« und »z« und »zz« als »ss«. Auch bei den Selbstlauten gibt es Besonderheiten: »aw« wird als »au« gesprochen und »u« ähnlich unserem »o«. Nur die sehr bekannten Namen Mohammed, Abu Bekr und Omar wurden in der üblichen Schreibweise belassen.

Der Textzusammenhang

Al Ghazalis in klassischem Arabisch geschriebenes Monumentalwerk »Ihya Ulum Al Din« zerfällt in vier Teile. Der erste befaßt sich mit dem Gebiet und den Werken der Frömmigkeit. Der zweite Teil beschreibt die Pflichten und Aufgaben des einzelnen Moslem als Mitglied der Gemeinschaft der Gläubigen. Der dritte Teil beschreibt die Gefahren, die der Seele drohen, und der vierte beschreibt die Mittel zur Erlösung. Jeder Aspekt des inneren und äußeren Lebens des Moslems auf seinem Weg zu Gott wird in diesem Werk berührt. Der vorliegende Text gehört unter der Überschrift »Von den Pflichten der Freundschaft« zum zweiten Teil der Ihya.

Er enthält Al Ghazalis zentrale Lehre über die Freundschaft. Ihm voraus geht eine Abhandlung, in der von den verschiedenen Arten der Liebe wie auch vom Haß die Rede ist und wo die Bruderschaft in Gott – die im Text Freundschaft genannt wird – als höchste Art der Liebe gepriesen wird.

»Das Freundschafthalten«, heißt es da, »ist ein Zeichen von gutem Charakter, das Zerbrechen der Freundschaft aber ist ein Zeichen von schlechtem Charakter.« Nicht von den Menschen wurde die Freundschaft gemacht, sondern von Gott wurde sie ihnen gegeben. Denn schon der Prophet hat gesagt: »Wenn Gott mit Seinem Gläubigen Gutes vorhat, dann beschert Er ihm einen frommen Freund, der ihn erinnert, wenn er Gott vergißt und der ihm beisteht, wenn er sich Seiner erinnert.«

Und: »Wo immer zwei sich lieben in Gott, da liebt Gott den am meisten, der den anderen am meisten liebt.«

Vier Arten der Liebe sind es, die die Freundschaft zwischen den Menschen zustandebringen und erhalten: Erstens, daß man einen Menschen liebt um seiner selbst willen, seiner Gestalt, seinem Charakter, seiner Art zu handeln, seinem Wissen und so weiter.

Zweitens die Liebe zu einem Menschen als Mittel zu einem weltlichen Zweck, das heißt als Mittel zur Erreichung eines geliebten Gegenstandes. Drittens, Liebe zur Erlangung von Gütern, die nicht zeitlich, sondern ewig sind, und viertens die Liebe ohne jeden anderen Zweck, die nur Gott allein dienen soll.

Man sieht hier Al Ghazalis feine psychologische Unterscheidung. Er versteht Liebe zunächst in einem sehr weiten Sinn, nämlich als den Inbegriff der Zusammenhaltungskräfte, die die Freundschaft zwischen Menschen herbeiführen und zu erhalten geeignet sind, und trifft dann zwischen diesen seine Einteilung. Natürlich sind diese verschiedenen Arten von Liebe

nicht alle gleich verdienstvoll, und nicht alle gleich gut zur Erhaltung der Freundschaft geeignet.
Wahrhaft erstrebenswert ist für Al Ghazali nur die wahre Bruderschaft in Gott, wo die gemeinsame Sehnsucht nach geistiger Vervollkommnung und nach dem Erleben der Gegenwart Gottes die Kraft ist, die die Freundschaft zusammenhält. Das ist bei der oben genannten vierten Art der Liebe immer der Fall und bei der dritten sehr oft. Die Liebe zum anderen um seiner selbst willen beruht sehr oft nur auf der Ähnlichkeit im Charakter der beiden oder auf anderer Ähnlichkeit, oder sie beruht auf der Liebe zur Schönheit. Sie muß zur Liebe in Gott vergeistigt werden, wenn sie verdienstvoll sein soll. Auch die zweite Art der Liebe ist nicht Liebe in Gott und sie kann sogar verwerflich sein, wenn ihr Beweggrund verwerflich ist.
Die Brüderlichkeit in Gott beruht auf der gemeinsamen Liebe zu Gott und folgt zugleich aus ihr, so wie dann alle Liebe aus

ihr folgt. »Wenn die Liebe zu Gott stark ist«, sagt Al Ghazali »und das Herz so überwältigt und in Besitz nimmt, daß sie die Grenze der Leidenschaft erreicht, so strömt sie auf jedes andere Wesen über, weil deren jedes ein Ausdruck von Gottes allmächtigem Wirken ist.«
Al Ghazali spricht aber nicht nur von der Liebe, sondern auch vom Haß, der für ihn – wieder ganz allgemein verstanden – der Inbegriff der Abstoßungskräfte ist, die zwischen Menschen bestehen können.
Überhaupt darf man das Wort »Haß« bei Al Ghazali nicht mißverstehen. Immerhin ist die Originalsprache seines Werkes klassisches Arabisch, und wir müssen davon ausgehen, daß die Begriffe dort anders nuanciert sind als im Deutschen. Wenn wir an Haß denken, dann verstehen wir darunter meist den Wunsch, den gehaßten Menschen oder Gegenstand zu zerstören, aber Al Ghazali wohl nicht, wenn er sagt: »Laß aus Deiner Liebe nicht Anhänglichkeit werden und aus Deinem Haß nicht Zerstö-

rung.« Vielmehr ist es Abscheu, was er darunter zu verstehen scheint, die psychologische Abstoßungskraft zwischen Menschen untereinander oder zwischen Menschen und Dingen.
Daher gibt es auch einen Haß in Gott, der dem Sünder und der Sünde gegenüber empfunden wird. Dem Sünder gegenüber aber nur solange, als dieser in der Sünde verharrt, und nur was seine sündhaften Charakterzüge betrifft.
Wer auf diese Art überwiegend »häßlich« ist, mit dem soll der Umgang gemieden werden, und man soll ihn nicht unterstützen, weil man sich dadurch schuldig machen kann. Jeder muß aber wohl unterscheiden zwischen denen, die bloß ihm selbst Unrecht tun und denen, deren Unrecht sich auch gegen andere wendet.
Al Ghazali sagt: »Seinem eigenen Übeltäter zu verzeihen und Gutes zu tun, das ist die Art der Frommen. Nicht gut ist es, dem Gutes zu tun, der anderen Unrecht tut und damit gegen Gott sündigt, denn dem Un-

terdrücker Gutes tun, heißt dem Unterdrückten Übel tun.« Keinesfalls darf man den Unterdrücker in seinem üblen Tun ermutigen.

An diese Gedanken anschließend folgt noch ein Exkurs über die Eigenschaften, an denen man jene erkennen kann, die man zu Freunden nehmen sollte, und dann kommt Al Ghazalis große Abhandlung über die Pflichten aus der Freundschaft in ihrer höchsten Form als Bruderschaft in Gott, die der Gegenstand dieses Buches ist.

Am Ende dieses Vorwortes möchte ich noch dem Perlinger Verlag, insbesondere Herrn Engelbert Perlinger, meinen Dank und meine Anerkennung dafür aussprechen, daß er bereit war, dieses sehr wichtige Buch in seine Reihe geistig inspirierender Bücher aufzunehmen, in welcher es eine wertvolle Ergänzung zu den Werken »Ostasiatische Weisheiten« und »Die Religion der Wahrheit« darstellt.

Franz Langmayr

ÜBER DIE FREUNDSCHAFT

Die Erdenwelt ist eine Karawanserei auf dem Wege zu Gott.
Die Menschen kommen in ihr als Reisegefährten zusammen.
Da sie alle das gleiche Ziel haben, bilden sie eine Karawane.
Daher müssen sie Frieden und Harmonie bewahren und einander unterstützen.
Ein jeder muß die Rechte des anderen achten.

Muhammed Al Ghazali

Wer zum Freunde geeignet ist

Freundschaft ist eine Gabe Gottes. Der Koran sagt: »Haltet alle fest am Vertrage mit Gott, entzweit euch nicht und denkt daran, daß es Gott war, der eure Herzen vereinigt hat, als ihr noch Feinde wart, so daß ihr durch Seine Gnade Brüder geworden seid.« (Koran Sure 3).
Der Prophet sagt: »Jene unter euch sind meine engsten Gefährten, die von gutem Charakter sind und liebevoll und zärtlich miteinander.«
Und er sagt auch: »Wahrlich, Gott wird am Tage der Auferstehung sagen: ›Wo sind die, die einander um Meinetwillen geliebt haben. Heute, da es kein anderes Obdach gibt, sollen sie unter Meinem Dach ruhen.‹ «
Daher ist Freundschaft eine Gnade Gottes. Sie sollte um Seinetwillen gepflegt werden. Auch wer die Gesellschaft von Menschen verabscheut, sollte sich Gott zulie-

be um Freundschaft bemühen. »Das stärkste Band des Glaubens«, sagt der Prophet, »sind Liebe und Abscheu, wenn sie Gott zuliebe geübt werden.«
Suche dir einen Freund, der die folgenden fünf Eigenschaften hat: Weisheit, guten Charakter und Abscheu vor Sünde, Irrlehre und Gier.
Das Zusammensein mit einem Narren bringt nichts Gutes. Es endet in Betrübnis. Guter Charakter ist deshalb notwendig, weil es sein kann, daß auch ein weiser Mann von üblen Leidenschaften beherrscht wird und deshalb keine gute Gesellschaft abgibt. Sünder und Irrlehrer sollen gemieden werden, weil sie keine Gottesfurcht haben, und deshalb unbekümmert verbotene Handlungen begehen, so daß man sich nicht auf sie verlassen kann. Außerdem wird im geheimen eine geistige Ansteckung stattfinden, und auch der Freund eines solchen Menschen wird bald leichtfertig über die Sünde denken und allmählich die Fähigkeit verlieren, ihr

zu widerstehen. Ein gieriger weltlicher Mensch aber soll gemieden werden, weil seine Gesellschaft das Herz in seiner Suche nach dem Königreich des Himmels erlahmen läßt.

Alkama gab auf seinem Totenbett eine gute Beschreibung dafür, was ein Freund ist.

»Mein Sohn«, sagte er, »wenn du dich nach Gesellschaft sehnst, dann versuche, einen Freund zu finden, der dich verteidigt, dein Prestige vergrößert, dir die Last deiner Leiden ertragen hilft, dir bei der Arbeit hilft, der dich in der Tugend bestärkt und dir vom Laster abrät, der all deinen Bitten bereitwillig nachkommt, der auch dann, wenn du schweigst, herauszufinden sucht, was du brauchst, der im Leiden tiefes Mitleid mit dir zeigt, der für deine Worte Zeugnis ablegt, der dir in allem was du unternimmst, guten Rat gibt und der deinen Standpunkt seinem eigenen vorzieht, wenn es zwischen euch eine Meinungsverschiedenheit gibt.«

Dieser Rat faßt die Eigenschaften eines Freundes in Kürze zusammen. Als der Kalif Mamun aus dem Geschlecht der Abassiden ihn hörte, sagte er: »Wo kann man einen solchen Freund finden?« Und Yahya antwortete: »Alkamas Beschreibung bedeutet eigentlich, daß wir ohne Freunde leben sollen.«
Jafar Al Sadiq gibt eine negative Beschreibung eines Freundes. Er sagt: »Suche nicht die Gesellschaft folgender fünf Arten von Menschen: Erstens des falschen, der dich täuscht wie ein Trugbild, zweitens des Narren, der dir nicht nützen kann (auch wenn er es versuchte, würde er dir durch seine Narrheit nur schaden), drittens eines Geizigen, der sich genau dann von dir trennt, wenn du ihn am notwendigsten brauchen würdest, viertens eines Feiglings, der dich verläßt, wenn du in Gefahr bist und fünftens eines üblen Sünders, der dich für ein Stück Brot verkaufen würde.«
Man muß davon ausgehen, daß diese Beschreibungen nur als Idealbild dienen kön-

nen. Aber für praktische Zwecke sollten wir auf die gegenwärtige Situation achten und das Beste aus ihr herausholen. Denn das Leben des Menschen erscheint wenig sinnvoll, wenn er keine Freunde hat.

Die Menschen sind wie Bäume. Einige spenden Früchte und Schatten, andere geben nur Schatten, und wieder andere haben nur Disteln und Dornen. So ist es auch mit den Freunden. Einige sind ein Segen, sowohl in dieser Welt als auch in der jenseitigen. Einige sind nur in dieser Welt von Nutzen. Sie entsprechen den Bäumen, die nur Schatten geben, denn diese Welt ist ein Schatten. Und einige sind weder in dieser Welt von Nutzen, noch in der nächsten, so als wären sie Skorpione in Menschengestalt.

Über den Freundschaftsvertrag

Wisse, daß der Vertrag der Freundschaft ein Band ist, das zwei Menschen ebenso bindet, wie der Ehevertrag die Verheirateten bindet. So wie die Ehe bestimmte Pflichten mit sich bringt, die die Verheirateten zu erfüllen haben, so räumt der Vertrag über die Freundschaft deinem Freund bestimmte Rechte ein, die dein Vermögen betreffen, deine Person, deine Rede und dein Herz. Er verpflichtet dich zur Verzeihung, zum Gebet, zur Aufrichtigkeit, zur Treue, zur Hilfeleistung und zur Sorge für den anderen.
Insgesamt handelt es sich hierbei um acht verschiedene Pflichten.

Über die Pflicht zum Geben von Geld und Gut

Die erste Pflicht ist materieller Natur. Der Prophet Gottes (Gott segne ihn und gebe ihm Frieden!) hat gesagt: »Zwei Brüder sind wie zwei Hände, von denen jede die andere wäscht.«
Er verwendet in diesem Gleichnis zwei Hände und nicht etwa eine Hand und einen Fuß, denn die Hände dienen eine der anderen zu Erfüllung des gemeinsamen Ziels. So ist es mit zwei Freunden. Ihre Freundschaft ist nur dann vollkommen, wenn sie als Kameraden auf dasselbe Ziel hinarbeiten. Auf eine Art sind die beiden dann wie ein einziger Mensch. Dazu gehört, daß sie Glück und Unglück miteinander teilen, jetzt ebenso wie in Zukunft und daß zwischen ihnen keine Besitzgier herrscht und keine Selbstsucht. Die Freunde teilen ihren Besitz miteinander, und darin gibt es drei Grade:

Der niedrigste Grad ist der, in dem du deinen Freund auf dieselbe Ebene stellst wie deinen Sklaven oder deinen Diener und ihm von deinen Überschüssen gibst, was er braucht.
Wenn er in Not ist und du mehr hast als du für dich selbst brauchst, dann gibst du ihm spontan und wartest nicht erst darauf, daß er dich darum bittet. Wenn du erst wartest, bis er dich darum bittet, so ist das die schlimmste Verletzung der Freundespflicht.
Im zweiten Grad stellst du deinen Freund auf die gleiche Ebene wie dich selbst. Du bist damit zufrieden, daß er an deinem Besitz teilhat, so als wäre er dessen Mitbesitzer zu gleichen Teilen. Und du behandelst ihn wie dich selbst. Al Hasan erzählt von einem Mann, der seinen Gürtel entzweigeschnitten hat, um seinem Freund die Hälfte davon zu geben.
Im dritten Grade aber, der der höchste von allen ist, ziehst du deinen Bruder dir selbst vor, so daß dir seine Bedürfnisse wichtiger

sind als deine eigenen. Das ist der Grad des Siddiq, des getreuen Zeugen der Wahrheit und die letzte Stufe der Vereinigung in der geistigen Liebe. Zu ihr gehört es auch, daß du bereit bist, dein Leben zu geben, um deinen Freund zu retten.

Die Überlieferung berichtet von einer Sufi-Bruderschaft, die einem der Kalifen gegenüber verleumdet wurde, so daß dieser die Hinrichtung sämtlicher Brüder anordnete. Da kam einer der Brüder, Abu Al Husayn Al Nuri zum Henker gerannt und bat, er möge als erster hingerichtet werden. Auf die Frage, warum er das wolle, antwortete er: »Ich möchte, daß meine Brüder diesen einen Augenblick länger zu leben haben.« Daraufhin schenkte der Kalif allen Brüdern das Leben.

Wenn du in deiner Beziehung zu deinem Freund keinen der drei Grade entdecken kannst, dann wisse, daß du den Vertrag der Freundschaft mit ihm in deinem Inneren noch nicht abgeschlossen hast. Eure Freundschaft ist dann nur eine äußerliche

Beziehung, der die wahre Kraft des Geistes und der Religion abgeht.

Maymun Ibn Mahran hat gesagt: »Wer nicht bereit ist, seinen Bruder besser zu behandeln als sich selbst, der könnte gerade so gut der Bruder der Toten in ihren Gräbern sein.«

Und auch was den niedrigsten Grad der Freundschaft betrifft, ist dieser für wahrhaft religiöse Menschen nicht annehmbar. Die Überlieferung erzählt, daß Utba Al Ghulam zum Hause eines Mannes kam, der sein Freund geworden war, und zu ihm sagte: »Ich brauche viertausend Drachmen von dir.« Und der andere sagte »Nimm zweitausend«. Utba aber lehnte das Angebot ab, indem er sprach: »Dir ist diese Welt lieber als Gott. Schämst du dich nicht, ein Bruder in Gott sein zu wollen, wenn du so zu mir sprechen kannst?«

Du solltest weltliche Geschäfte mit deinem Freund vermeiden, wenn dieser noch auf der niedrigsten Stufe der Brüderlichkeit verweilt. Abu Hazim hat gesagt:

»Wenn du einen geistigen Bruder hast, dann mache mit ihm keine weltlichen Geschäfte.« Aber er hat das nur für den Fall gemeint, wo die Freundschaft noch diesen niedrigsten Grad hat.

Was den höchsten Grad betrifft, so entspricht diesem die Beschreibung, die Gott selbst (Erhaben ist Er!) von den wahren Gläubigen gibt, wenn Er sagt:

»Sie regeln ihre Angelegenheiten, indem sie sie bereden und geben freimütig von dem, was wir ihnen gegeben haben.« (Koran, Sure 42)

Das heißt, sie waren gemeinsame Eigentümer an den Gütern der Welt. Es gab keine Standesunterschiede. Und es gab sogar solche unter ihnen, die mit einem Menschen nicht zusammensein wollten, der sagte »mein Schuh« und so den Schuh für sich selbst in Anspruch nahm.

Fath Al Mawsili kam einst zum Hause eines Freundes, während dieser abwesend war. Er sagte zur Magd seines Freundes, sie möge ihm dessen Geldtruhe bringen. Und er öffnete sie und nahm sich heraus, was er brauchte. Als die Dienerin ihrem Herrn später erzählte, was vorgefallen war, rief dieser aus: »Wenn das wahr ist, was du sagst, dann schenke ich dir hiermit durch die Gnade Gottes deine Freiheit.« So sehr freute es ihn, was sein Bruder getan hatte.

Einst kam ein Mann zu Abu Hurayra (Möge Gott Gefallen an ihm finden!) und sagte: »Ich möchte, daß du mein Bruder in Gott wirst.«

»Weißt du auch, was Brüderlichkeit in Gott bedeutet?« fragte ihn dieser.

»Nein«, antwortete er.

»Sie bedeutet, daß ich von nun an ebensoviel Recht an deinem Geld und Gut habe wie du selbst.«

»Dafür bin ich noch nicht reif«, sagte der Mann.

»Dann weiche von hinnen«, sagte Abu Hurayra.

Ali, der Sohn des Al Husayn (Möge Gott an ihnen beiden Gefallen finden!) fragte einen

von zwei Freunden: »Greift einer von euch ohne um Erlaubnis zu fragen in die Tasche oder in den Geldbeutel seines Bruders und nimmt sich heraus, was er braucht?«
»Nein«, wurde ihm geantwortet.
»Dann seid ihr keine Brüder«, sagte er.
Einst kamen Leute zu Al Hasan (Möge Gott an ihm Gefallen finden!) und fragten: »Abu Sa'id, hast du dein Gebet schon gesprochen?« »Ja«, antwortete er. »Wir fragen dich das, weil die Leute auf dem Markt noch nicht gebetet haben«, sagten sie. »Wer nimmt schon seine Religion von den Leuten auf dem Markt«, sagte Al Hasan im Ton des Erstaunens, »ich hörte, daß einer von denen nicht bereit war, seinem Bruder einen Pfennig zu geben«.
Ein Mann kam zu Ibrahim Ibn Adham (Möge Gott an ihm Gefallen finden!), als sich dieser gerade auf den Weg nach Jerusalem machte, und sagte: »Ich möchte dein Reisegefährte sein.« »Unter der Bedingung«, entgegnete Ibrahim Ibn Adham, »daß ich mehr Rechte an deinen Gütern

habe als du selbst.« »Nein, dann will ich nicht«, sagte der andere.
»Ich bewundere deine Aufrichtigkeit«, war die Antwort.
Dieser Ibrahim Ibn Adham (Möge Gott an ihm Gefallen finden!) hatte niemals Meinungsverschiedenheiten mit denen, die ihn auf Reisen begleiteten, aber er wählte nur jene zu Reisegefährten, die mit ihm harmonierten. Einmal begleitete ihn ein Kaufmann, der mit Schuhriemen handelte. Da gab ihm jemand in einer Herberge eine Schale Fleischbrühe. Darauf öffnete Ibrahim das Gepäck seines Gefährten, nahm ein Bündel Schuhriemen heraus, legte sie in die Schale und gab diese dem Spender zurück. Dann kam sein Gefährte vorbei und fragte: »Was hast du mit den Schuhriemen gemacht?« »Was meinst du, habe ich für die Fleischbrühe gegeben, die ich gerade gegessen habe?« fragte Ibrahim. »Zwei oder drei Schuhriemen hätten genügt«, sagte der Gefährte. »Wenn du mit anderen großzügig bist«, antwortete Ibra-

him, »dann sind auch andere großzügig mit dir.«

Einmal gab er ohne Erlaubnis seines Gefährten einen Esel, der diesem gehörte, einem Mann, den er gehen sah. Als dann sein Gefährte kam, sagte er nichts und äußerte kein Mißbilligen.

Omars Sohn (Möge Gott an ihnen beiden Gefallen finden!) erzählt, daß einmal einem der Gefährten des Propheten (Gott segne ihn und gebe ihm Frieden!) ein Schafskopf geschenkt wurde. Darauf sagte dieser: »Mein Bruder So-und-so braucht diesen Schafskopf dringender als ich«, und sandte ihn zu diesem. Und dieser andere wieder schickte ihn zu einem anderen. So wurde der Schafskopf von einem zum anderen weitergereicht und kam, nachdem er durch sieben Hände gegangen war, wieder zum ersten Mann zurück.

Die Überlieferung erzählt, daß Masruq einen großen Betrag schuldig war. Und sein Freund Khaythama hatte auch eine Schuld. Da ging Masruq hin und bezahlte

Khaythamas Schuld, ohne daß dieser davon wußte, und Khaythama ging hin und bezahlte Masruqs Schuld ohne dessen Wissen.

Als der Prophet (Gott segne ihn und gebe ihm Frieden!) Zeuge der Freundschaft zwischen Abd Al Rahman Ibn Awf und Sa'd Ibn Al Rabi wurde, bot Sa'd seinem Freunde an, ihn in materieller und in geistiger Hinsicht besser zu behandeln als sich selbst. Da sagte Abd Al Rahman: »Gott segne dich für beides.« Damit räumte er seinem Freund den gleichen Vorzug ein, den dieser ihm eingeräumt hatte. Es war, als würde er ein Kompliment annehmen und dann zurückgeben. Das ist gleichmachend, wohingegen das Angebot des ersten ein Vorziehen des Freundes sich selbst gegenüber bedeutete. Vorziehen ist würdiger als Gleichmachen. Abu Sulayman Al Darani pflegte zu sagen: »Wenn ich die ganze Welt besitzen würde, um sie einem meiner Brüder zu schenken, würde ich das immer noch als zu gering betrachten für diesen.« Und er sagte auch: »Ich gebe meinem Bruder einen Bissen, und ich finde den Geschmack davon in meinem eigenen Mund.«

Den Freunden zu geben ist sogar würdiger, als den Armen zu geben, denn Ali (Möge Gott Gefallen an ihm haben!) sagt: »Meinem Bruder in Gott zwanzig Drachmen zu geben, ist mir lieber als hundert Drachmen als Almosen an die Armen.« Und er sagt auch: »Ein Gastmahl zu geben und meine Brüder in Gott um mich zu versammeln, ist mir lieber, als einen Sklaven freizulassen.«

Wenn es darum geht, andere besser zu behandeln als sich selbst, so mögen alle dem Beispiel des Propheten folgen (Gott segne ihn und gebe ihm Frieden!). Dieser ging einst mit einem seiner Gefährten durch ein Dickicht. Dort fanden sie zwei Holzstückchen, wie man sie zum Reinigen der Zähne verwendet. Das eine war gekrümmt, das andere war gerade. Der Prophet gab das gerade Holzstückchen seinem Gefährten, das gekrümmte aber behielt er für sich. Da sprach der Gefährte zu ihm: »Prophet, du hast das größere Recht auf das gerade Stück als ich.« Dieser aber antwortete: »Wenn ein Gefährte einen Gefährten begleitet, und sei es nur für eine Stunde am Tag, so wird von ihm Rechenschaft darüber verlangt werden, ob er die von Gott gegebenen Pflichten der Kameradschaft erfüllt oder vernachlässigt hat.« Er deutet hier durch sein eigenes Beispiel an, daß es zur Erfüllung der von Gott gegebenen Pflicht der Kameradschaft gehört, daß man den Gefährten besser behandelt als sich selbst.

Ein anderes Mal ging der Prophet (Gott segne ihn und gebe ihm Frieden!) zu einem Brunnen, um sich zu waschen. Hudhayfa Ibn Al Yaman nahm ein Kleidungsstück und stellte sich damit so vor den Propheten, daß dieser beim Waschen vor den Blicken anderer geschützt war. Dann setzte sich Hudhayfa nieder, um sich selbst zu waschen, und jetzt schützte der Prophet

(Gott segne ihn und gebe ihm Frieden!) Hudhayfa mit einem Kleidungsstück vor den Blicken der anderen. Aber dieser wehrte ihm und sagte: »Bei meinem Vater und meiner Mutter, o Prophet, tu das nicht!« Und doch bestand er (Gott segne ihn und gebe ihm Frieden!) darauf, Hudhayfa beim Waschen mit einem Kleidungsstück abzuschirmen, und er sagte: »Jedesmal, wenn zwei Menschen zusammen sind, ist jener Gott lieber, der zum anderen freundlicher ist.«

Die Überlieferung berichtet, daß Malik Ibn Dinar und Muhammed Ibn Wasi zum Hause des Al Hasan kamen, als dieser nicht zugegen war. Muhammed Ibn Wasi holte einen Korb mit Nahrungsmitteln, der unter Al Hasans Bett stand, heraus und begann zu essen. Malik sagte zu ihm: »Klatsche in die Hände, damit der Hausherr herbeikommt.« Aber Muhammed nahm keine Notiz von diesen Worten und aß weiter. Denn immer trat Malik mehr für Höflichkeit und gutes äußeres Betra-

gen ein als er. Dann kam Al Hasan und sagte: »Mein lieber Malik, wir beide waren niemals schüchtern voreinander, ehe solche Leute gekommen sind wie du.«
Damit wollte er sagen, daß es zur wahren Freundschaft gehört, daß man sich im Hause des anderen wie daheim fühlt. Und wahrlich, Gott (Erhaben ist Er!) hat gesagt: »Es ist kein Vergehen, wenn ihr eßt, was in eurem Hause ist, oder im Hause eures Vaters, eurer Mutter, eurer Brüder oder Schwestern, eurer Onkel und Tanten väterlicher- oder mütterlicherseits oder eures Freundes oder in einem Hause, zu dem ihr die Schlüssel habt.« (Koran, Sure 24)
Wenn auch ein Freund die Schlüssel zu seinem Haus dem Freunde gibt und ihm erlaubt, dort nach Gutdünken zu walten, so könnte es dieser doch als Gebot der Tugend empfinden, dort nichts zu essen, hätte nicht Gott (Erhaben ist Er!) diesen Vers geoffenbart und damit jedem gestattet, sich von den Nahrungsmitteln seiner Brüder und Freunde zu bedienen.

Über die Pflicht zur persönlichen Hilfeleistung

Wenn du deinen Freund um etwas bittest, was du brauchst und er gibt es dir nicht, dann wasche dich für das Gebet, sprich viermal »Allahu akbar«* über ihn und zähle ihn dann zu den Toten.«

Ja'far Ibn Muhammed sagte: »Ich beeile mich, auch die Bedürfnisse meiner Feinde zu befriedigen. Denn wenn ich das ablehne, kommen sie ohne mich aus.« Und wenn das die richtige Einstellung zu Feinden ist, wieviel mehr Hilfsbereitschaft muß dann erst Freunden gegenüber richtig sein.

Ein Moslem jener frühen Tage kümmerte sich nach dem Tode eines Freundes vierzig Jahre lang um den Unterhalt von dessen Frau und Kindern und um alle ihre Bedürfnisse. Er besuchte sie täglich und gab ihnen von seinem Reichtum, so daß die

* Allah ist groß.

Person des Vaters alles war, was sie vermißten. Tatsächlich behandelte er sie noch besser als sie der Vater zu seinen Lebzeiten behandelt hatte.
Einer von zwei Freunden blieb regelmäßig vor dem Haus des anderen stehen und fragte die Hausleute: »Habt ihr Öl? Habt ihr Salz? Braucht ihr irgend etwas?« Und wenn etwas gebraucht wurde, brachte er es, ohne daß sein Freund davon erfuhr.
So zeigt man Freundschaft und Sympathie. Wenn ein Mann seinem Freund gegenüber nicht den gleichen Grad des Mitleides zeigt wie sich selbst gegenüber, dann ist nichts Gutes an dieser Freundschaft.
Maymun Ibn Mahran sagt: »Wenn du aus der Freundschaft eines Mannes keinen Nutzen hast, dann kann dir auch seine Feindschaft nicht schaden.«
Der Prophet (Gott segne ihn und gebe ihm Frieden!) hat gesagt: »Sicher hat Gott auf Erden Seine Mittler, durch die Er wirken kann, nämlich unsere Herzen. Und jene

davon sind Ihm (Erhaben ist Er!) am teuersten, die am reinsten, am stärksten und am edelsten sind: Am reinsten von Sünde, am stärksten im Glauben und am edelsten ihren Brüdern gegenüber.«

Kurz gesagt, das Bedürfnis deines Freundes sollte dir so wichtig sein wie dein eigenes, und sogar noch wichtiger. Du solltest darnach Ausschau halten, wann er dich braucht und sein Wohl nicht mehr aus dem Auge verlieren als dein eigenes. Du solltest darauf achten, daß dich dein Freund niemals um etwas bitten oder dir seine Not offenbaren muß, um dich zur Hilfe zu bewegen. Vielmehr solltest du dich seiner Not mit solcher Selbstverständlichkeit annehmen, daß du nachher gar nicht mehr weißt, was du getan hast. Du sollst nicht davon ausgehen, daß du durch das, was du getan hast, ein Recht erworben hast, sondern es für einen Segen halten, daß dein Freund deine Mühe und Aufmerksamkeit annimmt. Du solltest dich nicht darauf beschränken, seine Bedürfnisse zu befriedigen, sondern von Anfang an versuchen, ihm darüber hinaus noch mehr Großzügigkeit zu erweisen und ihn sogar deinen Verwandten und deinen Kindern vorziehen.

Al Hasan pflegte zu sagen: »Unsere Brüder sind uns teurer als unsere Familien und unsere Kinder, denn unsere Familien erinnern uns an diese Welt, unsere Brüder in Gott aber erinnern uns an die andere.«

Al Hasan hat auch gesagt: »Wenn ein Mann bis zum Ende zu seinem Bruder steht, dann wird Gott am Tage der Auferstehung Engel von Seinem Throne senden, die ihn in den Garten des Paradieses geleiten werden.«

Die Überlieferung sagt, daß jedesmal, wenn ein Mensch einen Freund besucht, ein Engel hinter ihm ausruft: »Du hast wohl getan und es wird wohl für dich sein im Garten des Paradieses!«

Ata sagte: »Bemühe dich um deine Brüder bei drei Gelegenheiten: Besuche sie, wenn sie krank sind, hilf ihnen, wenn sie sehr

beschäftigt sind und erinnere sie, wenn sie vergessen haben.«
Es wird berichtet, daß sich Ibn Umar in der Gegenwart des Propheten (Gott segne ihn und gebe ihm Frieden!) nach links und nach rechts umschaute, so daß dieser ihn um den Grund dieses Verhaltens fragte. Da sagte er: »Es gibt einen, der mir teuer ist. Ich suche nach ihm, aber ich kann ihn nicht finden!« »Wenn du jemanden liebst«, antwortet der Prophet, »dann frage ihn um seinen Namen, den Namen seines Vaters und wo er wohnt, und wenn er krank ist, besuche ihn und wenn er sehr beschäftigt ist, geh hin und hilf ihm.«
Zu Al Shabi kam einst ein Mann und erzählte ihm von einem anderen, mit dem er zusammengewesen war. Er sagte, er erinnere sich an das Gesicht des anderen, nicht aber an seinen Namen. Darauf sagte Al Shabi: »So schließen die Narren Bekanntschaft.«
Ibn Abbas wurde gefragt: »Welcher Mensch ist dir am liebsten?« »Der, der

sich zu mir setzt«, antwortete er. Und er sagte auch: »Wenn sich einer dreimal mit mir zusammensetzt, ohne mich zu brauchen, dann weiß ich, wo dieser seinen Platz in der Welt hat.«

Sa'id Ibn Al As sagte: »Dem, der sich mit mir zusammensetzt, schulde ich drei Dinge: Wenn er herannaht, grüße ich ihn. Wenn er zu mir kommt, heiße ich ihn willkommen und wenn er sich niedersetzt, mache ich es ihm bequem.«

Gott (Erhaben ist Er!) sagt:

»Voll von Gnade zueinander.« (Koran, Sure 48)*

Enthalte dich auch des Tadels an denen, die deinem Freund lieb sind, insbesondere seiner Familie und seinen Kindern. Und sage den Tadel nicht weiter, den andere Menschen über deinen Freund verbreiten. Denn wer dir solchen Tadel mitteilt, beleidigt damit unmittelbar dich.

Der Prophet (Gott segne ihn und gebe ihm

* Gemeint sind die Anhänger des Propheten: Die Moslems

Frieden!) pflegte, wie Anas uns berichtet, niemandem etwas zu sagen, was ihm unangenehm war, denn für den Angesprochenen geht die Verletzung über solche Rede unmittelbar von dem aus, der sie ihm mitteilt, und nur mittelbar von dem, der sie aufgebracht hat.
Natürlich solltest du deinem Freund das Lob, das du über ihn hörst, nicht verbergen, denn die mit dem Hören von Lob verbundene Freude empfängt man direkt von dem, der es einem mitteilt und nur indirekt von der ursprünglichen Quelle. Dem Freunde das Lob zu verbergen, würde Neid bedeuten.
Kurz gesagt, du solltest Stille bewahren über alle Rede, die deinem Freund ganz allgemein oder auch aus besonderen Gründen unangenehm wäre, es sei denn, du bist verpflichtet zu sprechen, weil ein guter Zweck es erfordert oder weil es zur Verhinderung von Übel notwendig ist. Auch in diesem Fall sprich aber nur dann, wenn du keine ausreichende Entschuldigung dafür

finden kannst, nichts zu sagen. Dann aber brauchst du dir über die ablehnende Haltung deines Freundes keine Sorgen zu machen, denn was du tust, nützt ihm, wenn er es richtig versteht, auch wenn es für ihn auf den ersten Blick nicht gut aussieht.

Was sonst das Erwähnen von Charakterschwächen und unrechten Handlungen des Freundes angeht, und von unrechten Handlungen, die in seiner Familie vorgefallen sind, so ist dies nicht nur dem Freunde sondern jedem Moslem gegenüber unrecht und eine Kränkung. Zwei Dinge sollten dich davon abhalten:

Zunächst untersuche dein eigenes Leben und wenn du darin auch etwas Tadelnswertes findest, dann sei nachsichtig mit deinem Freund. Vielleicht fällt es ihm in einer bestimmten Hinsicht schwer, sich zu beherrschen, so wie dir das auf dem Gebiet schwer fällt, wo du deine Schwächen hast. Daher sei nicht so streng mit ihm, wenn er eine tadelnswerte Charaktereigenschaft hat. Welcher Mensch ist schon vollkommen? Wo immer du siehst, daß du deine Pflichten Gott gegenüber schlecht erfüllst, dort erwarte von deinem Freunde noch weniger als das an Pflichterfüllung dir gegenüber, denn dein Recht an ihm kann nicht größer sein als das Recht Gottes an dir.

Zweitens weißt du, daß du den ganzen Kosmos vergeblich nach einem Freund absuchen könntest, der keine Fehler hat. Du würdest nie einen solchen finden, denn es gibt nicht einen Menschen, der nicht sowohl gute als auch schlechte Eigenschaften hat. Das meiste, was du dir erhoffen kannst, ist, daß die guten Eigenschaften die schlechten überwiegen.

Der tugendhafte Gläubige hält sich immer die guten Eigenschaften seines Freundes vor Augen, damit sein Herz zu einer Quelle von Verehrung, Liebe und Respekt wird. Nur dem Heuchler, der selbst einen schlechten Charakter hat, fallen an anderen ständig Unrecht und Fehler auf.

Ibn Al Mubarak sagte: »Der Gläubige versucht Entschuldigungen für andere zu finden, wohingegen der Heuchler nach ihren Fehlern Ausschau hält.«
Zur vollkommenen Sympathie gehört es auch, daß man Köstlichkeiten nicht allein verspeist und sich an freudigen Dingen nicht allein freut, und daß man die Abwesenheit des Freundes unangenehm empfindet und die Trennung von ihm traurig.

Über die Pflicht zum Schweigen

Die dritte Pflicht Freunden gegenüber betrifft die Zunge, die manchmal still sein und zu anderen Gelegenheiten wieder sprechen sollte.

Was zunächst die Stille betrifft: Deine Zunge sollte einen Fehler deines Freundes weder in dessen Anwesenheit noch in dessen Abwesenheit erwähnen. Vielmehr solltest du Unwissenheit über diesen Gegenstand vortäuschen. Du solltest deinem Freunde nicht widersprechen, wenn er spricht, noch solltest du mit ihm streiten oder gegen ihn Argumente gebrauchen. Du solltest ihn auch nicht über seine persönlichen Angelegenheiten ausfragen. Wenn du auf der Straße oder geschäftlich mit ihm zusammenkommst, und er nicht selbst über die Gründe seines Kommens und Gehens zu sprechen beginnt, sollst du ihn nicht über diese befragen, denn es kann

sein, daß es ihm unangenehm wäre, darüber zu sprechen und daß du ihn durch dein Fragen dazu zwingst, Notlügen zu gebrauchen.
Bewahre Schweigen über die Geheimnisse, die dein Freund dir anvertraut, und erzähle sie auf keinen Fall einem Dritten weiter – nicht einmal den engsten Freunden. Laß nichts über die Geheimnisse deines Freundes verlauten, auch nicht, nachdem eure Freundschaft aufgehört hat oder wenn es zwischen euch eine Meinungsverschiedenheit gegeben hat. Wer dagegen verstößt, zeigt damit seine eigene Charakterschwäche und die Unreinheit in seinem Inneren.
Und Al Fudayl sagt: »Männlichkeit besteht darin, die Fehler seiner Brüder zu verzeihen.«
Darum sagt der Prophet (Gott segne ihn und gebe ihm Friede!): »Vor dem bösen Nachbarn, der Gutes sieht und verbirgt und der Böses sieht und anprangert, suche deine Zuflucht in Gott.«

Es gibt niemanden, dessen Charakter nicht in bestimmter Hinsicht zu loben und in anderer zu tadeln wäre.
Die Überlieferung erzählt von einem Mann, der einen anderen in der Gegenwart des Propheten (Gott segne ihn und gebe ihm Frieden!) lobte und denselben Mann am Tage darauf tadelte. Darauf sagte er (Friede sei ihm!): »Du lobst diesen Mann an einem Tag und tadelst ihn am nächsten.«
»Gestern«, antwortete der andere, »habe ich die Wahrheit über ihn gesprochen und auch heute habe ich nicht über ihn gelogen. Gestern hat er sich mir gefällig gezeigt und so habe ich das Beste über ihn gesagt, was ich weiß. Heute hat er mich geärgert und so habe ich das Schlechteste erzählt, was mir über ihn bekannt ist.«
Darauf sagte der Prophet (Gott segne ihn und gebe ihm Frieden!): »Das Gebrauchen von Vernunftgründen kann böse Zauberei sein.«
Offensichtlich war er mit dem Argument

des Mannes nicht einverstanden, sonst hätte er es nicht mit böser Zauberei verglichen. Ebenso sagte er der Überlieferung zufolge bei einer anderen Gelegenheit: »Mißachtung und Streitgespräch wachsen beide aus der Heuchelei.« Und weiter: »Gott ist mit deinen Argumenten nicht einverstanden, es sind eben nur Argumente.«

Al Schafi'i (Möge Gott ihm gnädig sein!) sagt: »Es gibt keinen Moslem, der Gott gehorcht, ohne jemals eine Verfehlung gegen ihn zu begehen, noch gibt es jemanden, der sich gegen ihn verfehlt, ohne Ihm jemals zu gehorchen. Wenn der Gehorsam eines Menschen seine Fehler überwiegt, dann ist dieser gerecht.«

Wenn ein solcher Mann hier gerecht in bezug auf seine gottgegebenen Pflichten genannt wird, wieviel mehr solltest du dann den für gerecht in seinen Freundespflichten und in seinen Pflichten dir gegenüber halten, bei dem die Erfüllung dieser Pflichten die Fehler überwiegt.

Gerade so, wie du deine Zunge davor hüten sollst, die unrechten Handlungen deines Freundes zu erwähnen, so sollst du auch in deinem Herzen Schweigen über sie bewahren. Das kannst du erreichen, indem du aufhörst, ihn zu verdächtigen, denn Verdächtigung im Herzen erzeugt Verleumdung, die gegen das Gesetz verstößt. Bemühe dich, das, was dein Freund tut, nicht in schlechtem Lichte zu sehen, solange du die Möglichkeit hast, es in gutem Lichte zu sehen. Was aber vor deinen Augen unverkennbar als Übel erscheint, so daß es unmöglich wird, es nicht als solches zu sehen, das schreibe wenn möglich der Geistesabwesenheit und Vergeßlichkeit deines Freundes zu.

Verdächtigungen entstehen auf zweierlei Art: Einmal durch das, was man die Wahrnehmung nennt, die von äußerlichen Gegebenheiten ausgeht. Durch sie werden notwendig bestimmte Gedanken ausgelöst, die sich dann nicht mehr beiseite schieben lassen. Und zweitens gibt es das, was von den Vorurteilen gegen einen anderen ausgeht. Wenn dann dieser Mensch Handlungen setzt, die auf zwei verschiedene Arten ausgelegt werden können, dann bringt dich dein Vorurteil dazu, dich auf die schlechtere Auslegung festzulegen, auch wenn kein äußeres Zeichen dies rechtfertigt. Solches Denken ist eine Beleidigung des anderen in deinem Inneren, ein Verstoß gegen das Gesetz, wenn man es einem Gläubigen antut.

Denn der Prophet (Gott segne ihn und gebe ihm Frieden!) sagt: »Gott hat dem Menschen verboten, mit dem Blut, dem Eigentum und der Ehre anderer Menschen übel umzugehen oder sie übel zu verdächtigen.«

Und er hat gesagt: »Hüte dich vor der Verdächtigung, denn Verdächtigung ist jene Kunde, die von der Wahrheit am weitesten entfernt ist. Sie führt zur unrechten Neugier und zum Spionieren.«

Weiter hat er gesagt: »Spioniert nicht und seid nicht neugierig. Zertrennt keine

Freundschaften und wendet Euch nicht voneinander ab, sondern dient Gott als Brüder.«
Falsche Neugier besteht darin, daß man auf Gerüchte hört und Spionieren ist das Ausspähen mit den eigenen Augen.
Es ist das Zeichen der religiösen Menschen, daß sie die Fehler anderer verbergen, sich über sie unwissend stellen und sie übersehen. Die Vollkommenheit darin, was häßlich ist zu verbergen und was gut ist zu offenbaren, ist in Gott (Erhaben ist Er!). Diese Eigenschaft an Ihm preisen wir in dem Gebet, wo es heißt: »O Du, der Du das Schöne offenbarst und das Häßliche verbirgst!«
In Gottes Augen wünschenswert ist, daß wir unseren Charakter nach dem Seinen formen, denn Er ist es, der die Fehler verbirgt, die Sünden vergibt und Nachsicht übt mit Seinen Geschöpfen. Wie kannst du es dann versäumen, nachsichtig gegen Menschen zu sein, die dir gleich sind oder höher gestellt als du, aber in keinem

Fall deine Sklaven oder deine Geschöpfe. Jesus (Friede sei mit ihm!) sagte zu seinen Jüngern: »Was tut ihr, wenn ihr einen schlafenden Bruder seht, dem der Wind die Kleidungsstücke vom Leibe bläst?« »Wir schützen ihn vor den Blicken und bedekken ihn wieder«, antworteten die Jünger. »Nein«, sprach Jesus, »Ihr entblößt ihn vollends«. »Bei der Ehre Gottes«, fragten die Jünger, »wer würde so etwas tun?« »Jeder«, sprach Jesus, »der auf üble Rede hört, die über seinen Bruder verbreitet wird, und dann noch etwas hinzufügt und sie in übertriebener Form weitergibt.«
Du mußt wissen, daß der Glaube eines Menschen so lange unvollkommen ist, als er für seinen Bruder nicht dasselbe wünscht, wie für sich selbst. Der niedrigste Grad der Brüderlichkeit ist der, wenn du deinen Bruder so behandelst, wie du selbst behandelt werden möchtest. Und du erwartest doch sicher, daß deine Schande verhüllt und Schweigen bewahrt wird über deine Missetaten und Fehler. Du würdest

sehr verstört und verärgert sein, würdest du in dieser Erwartung enttäuscht. Wie unwürdig ist es dann erst, wenn dein Freund erwarten muß, daß ihm etwas nachgesagt wird, was er selbst weder gedacht noch vorgehabt hat. Wehe denen, die sich solch übler Nachrede schuldig machen.

Das Buch Gottes (Erhaben ist Er!) sagt über sie: »Wehe denen, die das Maß verkürzen, die zwar das volle Maß verlangen, wenn andere ihnen zumessen, die aber zu wenig geben, wenn sie für andere messen oder wägen.« (Koran, Sure 83, Anfang)

Alle, die von anderen mehr Nachsicht verlangen, als sie selbst geben, fallen hierunter.

Der eigentliche Grund für das Unvermögen der Menschen, die Schande anderer zu bedecken und für ihren Wunsch, diese im Gegenteil zur Schau zu stellen ist eine verborgene Krankheit des Inneren, nämlich Bosheit und Neid! Denn der Boshafte und Neidige hat sein Inneres beschmutzt, aber er hält den Schmutz in seinem Inneren verschlossen. Er verbirgt ihn und zeigt ihn nicht, solange er dafür keinen unverdächtigen Vorwand hat. Aber wenn er eine Gelegenheit findet, dann gibt er seine Zurückhaltung auf und der Schmutz seines Inneren dringt nach außen.

Wenn das Innere des anderen voller Bosheit und Neid ist, dann ist es besser, die Beziehung zu ihm abzubrechen. Einige weise Männer sagen, daß offener Tadel besser ist als versteckter Haß. Das einzige, was den Boshaften erweichen kann, ist die Einsamkeit. Wer in seinem Herzen einem anderen Moslem gegenüber böse Gefühle hegt, dessen Glaube ist schwach. Der Zustand eines solchen Menschen ist gefährlich. Sein Herz ist beschmutzt und er kann nicht in die Gegenwart Gottes gelangen.

Abd Al Rahman Ibn Jubayr Ibn Nafir berichtet, daß sein Vater ihm erzählt hat: »Als ich im Jemen war, hatte ich dort einen jüdischen Nachbarn, der mir häufig von der Thora erzählte. Dieser Jude kam nach seiner Rückkehr von einer Reise zu mir und ich sagte zu ihm: ›Gott hat den Propheten zu uns gesandt, der uns zum Islam aufgerufen hat und wir sind ihm gefolgt. Und er hat uns auch ein Buch geoffenbart, das die Thora bestätigt.‹ Darauf sagte der Jude: ›Du sprichst die Wahrheit und doch könnt ihr nicht wirklich aufnehmen, was er euch gegeben hat. Wir finden die Beschreibungen seiner selbst und seiner Gemeinde in der Thora. Er erlaubt einem Manne nicht, die Türschwelle zu überschreiten, solange er Haß gegen seinen gläubigen Bruder im Herzen hat.‹ «

Ein wichtiger Punkt ist es, Schweigen zu bewahren und ein Geheimnis, das dein Freund dir anvertraut hat, nicht weiterzuerzählen. Du solltest ableugnen, von der Sache zu wissen, auch wenn das eine Lüge ist, denn das Aussprechen der Wahrheit ist nicht unter allen Umständen richtig. So wie es jedem erlaubt ist, seine eigenen Fehler und Geheimnisse zu verbergen, auch wenn es dazu einer Lüge bedarf, so ist das auch um des Freundes willen erlaubt. Denn dein Freund ist ein Teil von dir und der Freunde beide sind wie ein Mann, sie haben nur verschiedene Körper. Das ist die wahre Natur der Freundschaft.

Außerdem sollte man sich in Gegenwart des Freundes nicht heuchlerisch betragen. Man sollte sich vor dem Freunde so betragen, wie man sich zu Hause beträgt und nicht so, wie man sich vor der Öffentlichkeit beträgt. Denn dein Freund sollte über dein Betragen ebenso gut Bescheid wissen wie du selbst.

Der Prophet (Gott segne ihn und gebe ihm Frieden!) sagt: »Wer die Schande seines Bruders verbirgt, den wird auch Gott vor den Blicken anderer schützen, in dieser Welt wie auch in der anderen.«

Und an einer anderen Stelle sagt er darüber: »Das ist, als würde er ein Mädchen, das lebendig begraben wurde, wieder zum Leben erwecken.« Er (Gott segne ihn und gebe ihm Frieden!) hat auch gesagt: »Wenn ein Mann einem anderen etwas mitteilt und dann um sich schaut, dann war die Mitteilung vertraulich.« Und: »Drei Gegenstände sind es, die eine Mitteilung vertraulich machen: gesetzwidriges Blutvergießen, gesetzwidriger geschlechtlicher Verkehr und gesetzwidriger Gebrauch von Vermögensgegenständen.« Und er sagt auch: »Wenn zwei miteinander eine Besprechung haben, so ist das, was sie sprechen, vertraulich, und keiner von beiden darf davon etwas weiterverbreiten, was für den anderen unangenehm ist.«

Ein kultivierter Mann wurde einst gefragt: »Wie hütest du ein Geheimnis?« »Ich bin sein Grab«, antwortete er.

Es gibt ein Sprichwort: »Die Brust eines freien Menschen ist das Grab ihrer Geheimnisse.« Und ein anderes sagt: »Das Herz eines Narren ist in seinem Mund, aber ein einsichtiger Mensch hat die Zunge in seinem Herzen.«

Das heißt, der Narr kann nicht verbergen, was in ihm ist, sondern ohne daß es ihm bewußt wird, schreit er es hinaus. Daher muß man seine Beziehungen zu Narren abbrechen und sich vor ihrer Gesellschaft, ja schon vor ihrem Anblick, hüten.

Ein anderer Mann wurde gefragt: »Wie hütest du ein Geheimnis?« »Ich leugne es ab, den zu kennen, der es mir anvertraut hat«, antwortete er, »und ich leiste darauf meinen Eid.«

Und wieder ein anderer sagte: »Ich verberge es und ich verberge die Tatsache, daß ich es verberge.«

Ibn Al Mu'tazz drückt es in Versform so aus:

»Vertraut man mir ein
Geheimnis an,
bemühe ich mich, es zu verbergen,
Ich berge es in meiner Brust,
die sein Schatzgewölbe wird.«

Ein anderer Dichter sagte:

»Das Geheimnis in meiner Brust
ist nicht wie der Tote im Grab.
Denn Auferstehung sehnt dieser
Tote herbei.

Mein Geheimnis aber vergess' ich,
bis es scheint, als hätt' ich
nie es gekannt.
Könnte man unser Geheimnis
dem Herzen und dem Inneren
verbergen,
würd' es den Tag niemals seh'n.«

Jemand enthüllte seinem Freund ein Geheimnis. Später fragte er ihn: »Erinnerst du dich daran?« »Nein«, sagte dieser, »ich habe es vergessen.«

Abu Sa'id Al Thawri pflegte zu sagen: »Wenn du einen Mann zum Freund nehmen willst, dann mache ihn ärgerlich und bringe ihn dann mit jemandem zusammen, der ihn über dich und deine Geheimnisse ausfragte. Mache ihn nur dann zu deinem Gefährten, wenn er auch dann noch gut von dir spricht und deine Geheimnisse bewahrt.«

Abu Yazid wurde gefragt: »Wen würdest du zu deinem Gefährten machen?« Er antwortete: »Einen, der mich kennt, so wie Gott mich kennt, und der sein Wissen um

mich verbirgt, so wie Gott es verbirgt.«
Dhu Al Nun sagte: »Nichts Gutes ist in der Freundschaft eines Mannes, der dich nur makellos sehen will.«
Wer ein Geheimnis verrät, nur weil er ärgerlich ist, hat einen niedrigen Charakter. Denn solange er innerlich zufrieden ist, möchte jeder vernünftige Mensch, daß sein Geheimnis bewahrt wird. Ein weiser Mann sagte einst: »Nimm dir keinen Mann zum Gefährten, der sich unter einer der folgenden vier Bedingungen als veränderlich erweist: Wenn er ärgerlich ist, wenn er zufrieden ist, wenn er gierig ist und wenn er Wünsche hegt.«
Wahre Freundschaft muß bei jeder solchen Veränderung fest bleiben. So sagt man: »Sieh, wie der Edle selbst nach der Trennung von dir immer noch das Böse an dir verbirgt und das Wahrhafte an dir hervorkehrt. Und siehe wie der Bösewicht, auch während du noch zur Freundschaft stehst, dein Gutes verbirgt und dich in schlechtem Licht darstellt.«

Al Abbas sagte zu seinem Sohn Abdullah: »Ich sehe, daß dich dieser Mann (Damit meinte er Omar, möge Gott Gefallen finden an ihm!) den Älteren vorzieht. Darum merke dir fünf Ratschläge von mir: »Niemals plaudere ihm ein Geheimnis aus, niemals sprich in seiner Gegenwart Böses über einen anderen, niemals erzähle eine Lüge über ihn weiter, niemals sei ihm in irgendeiner Weise ungehorsam und niemals laß dich von ihm bei einem Verrat ertappen.«
Al Sha'bi sagte: »Jedes Wort dieser fünf Ratschläge ist besser als tausend andere.«
Zum Stillesein gehört auch, daß du Streit und Widerspruch vermeidest, was immer dein Freund zu dir sagt.
Ibn Abbas sagte: »Streite nicht mit dem Narren, denn er wird dich beleidigen. Und streite nicht mit dem edlen Mann, denn er wird dich verabscheuen.«
Der Prophet (Gott segne ihn und gebe ihm Frieden!) sagt: »Für den, der den Widerstreit aufgibt, sobald er im Unrecht ist,

wird im Garten des Paradieses ein Haus gebaut werden. Wer aber den Widerstreit unterläßt, selbst wenn er im Recht ist, für den wird das Haus im schönsten Teil des Gartens gebaut.«

Die Pflicht gebietet, den Widerstreit aufzugeben, wenn man im Unrecht ist. Doch die Belohnung für das, was über die Pflicht hinausgeht, ist noch größer. Denn still zu bleiben, wenn man im Recht ist, fällt der Seele schwerer, als still zu bleiben, wenn man im Unrecht ist. Und die Belohnung entspricht stets dem Ausmaß der notwendigen Anstrengung.

Die größte Gefahr dafür, daß zwischen Freunden das Feuer der Bosheit angefacht wird, liegt in der Auseinandersetzung und im Streit. Diese sind geradezu die Hauptursachen der Zwietracht und des Scheiterns von Freundschaften. Denn Zwietracht beginnt mit unterschiedlichen Auffassungen. Denn erst drückt sie sich in Worten aus und schließlich in Taten.

Der Prophet (Friede sei mit ihm!) sagt:

»Entzweit euch nicht untereinander, hegt keinen Haß und keinen Neid gegeneinander und brecht eure Beziehungen untereinander nicht ab. Dient Gott als Brüder. Jeder Moslem ist der Bruder jedes anderen. Er tut ihm kein Leid, er beleidigt ihn nicht und er verläßt ihn nicht. Ein Mann kann nichts Schlimmeres tun als einen Moslem-Bruder zu entehren.« Die schlimmste Entehrung ist der Streit, denn wenn du das zurückweist, was ein anderer sagt, denn bezichtigst du ihn der Unwissenheit und der Dummheit oder der Vergeßlichkeit und der Geistesabwesenheit, was sein Verständnis des betreffenden Gegenstandes betrifft. Und das alles sind Entehrungen, die zur Verärgerung und zur Entfremdung führen.

In der Überlieferung von Abu Umama Al Bahili heißt es: »Der Prophet Gottes (Gott segne ihn und gebe ihm Frieden!) kam zu uns heraus, als wir im Streitgespräch waren. Er war ärgerlich und sagte: ›Hört mit dem Streitgespräch auf, denn es ist nur wenig Gutes darin. Gebt das Streitgespräch auf, denn seine Nützlichkeit ist gering und es erweckt Feindseligkeit unter Brüdern.‹ «

Einer der Gläubigen jener frühen Tage sagte: »Wenn ein Mann mit seinem Bruder streitet, dann nimmt seine Männlichkeit ab, und seine Tugend geht dahin.«

Abullah Ibn Al Hasan sprach: »Hüte dich vor dem Disput mit Menschen, denn du wirst dabei weder gegen die Größe des Edlen noch gegen die Gewalttätigkeit des Üblen etwas ausrichten.«

Ein Gläubiger aus den frühen Tagen sagte einst: »Der unfähigste der Männer ist der, dem es nicht gelingt, Freunde zu finden. Noch unfähiger aber ist der, der die Freunde wieder verliert, die er gewonnen hat. Viel Streitgespräch führt zum Verlust der Freundschaft und zur Entfremdung. Es erzeugt Feindschaft.«

Al Hasan sagt: »Nicht für die Liebe von tausend Menschen erkaufe dir die Feindschaft eines einzigen.«

Das einzige Motiv für das Streitgespräch ist im allgemeinen jenes, daß jeder seine intellektuelle Überlegenheit zeigen und den anderen durch das Bloßstellen seiner Unwissenheit kleiner machen will. Das führt zu Arroganz und Eifersucht, zu einer verletzenden Einstellung dem anderen gegenüber und zum beleidigenden Vorwurf von Narrheit und Unwissenheit. Genau das aber sind die Bestandteile der Feindseligkeit. Welchen Platz kann das Streitgespräch dann noch in der Brüderlichkeit und in der wahren Freundschaft haben?

Ibn Abbas erzählt, daß der Prophet (Gott segne ihn und gebe ihm Frieden!) gesagt hat: »Streite nicht mit deinem Bruder, mache dich nicht über ihn lustig und nimm die Versprechungen nicht zurück, die du ihm gegeben hast.«

Er (Gott segne ihn und gebe ihm Frieden!) hat auch gesagt: »Du kannst Menschen nicht mit deinem Reichtum gewinnen. Was sie gewinnt, ist ein fröhliches Gesicht und ein guter Charakter.«

Streitgespräche passen nicht zum guten Charakter. Die Gläubigen der frühen Zeit waren sehr darauf bedacht, sich vor dem Streitgespräch zu hüten und einander zu gegenseitiger Hilfeleistung anzuspornen. Das ging so weit, daß ihnen schon das Stellen von Fragen unangenehm war. Sie sagten: »Wenn du zu deinem Gefährten sagst ›Komm mit mir‹ und er fragt ›Wohin?‹, dann mache ihn nicht zu deinem Freund.

Sie meinten, der andere sollte mitkommen, ohne zu fragen.

Abu Sulayman Al Darani sagte: »Ich hatte einst einen Bruder im Irak. Als die Zeiten schlecht waren, ging ich zu ihm und sagte: ›Gib mir etwas von deinem Geld.‹ Daraufhin warf er mir seinen Geldbeutel zu, damit ich herausnehmen sollte, was ich brauchte. Dann eines Tages ging ich wieder zu ihm und sagte: ›Ich brauche etwas‹. Da fragte er: ›Wieviel brauchst du?‹ Da verließ die angenehme Empfindung der Freundschaft mein Herz.«

Ein anderer sagte: »Wenn du deinen Bruder um Geld bittest und er sagt: ›Was möchtest du damit tun‹, dann verletzt er damit die Freundespflicht.«
Wisse, daß das Wichtigste an der Freundschaft die Eintracht in Wort und Tat ist und das Mitleid. Abu Uthman Al Hiri sagte: »Mit Freunden innerlich übereinzustimmen ist wichtiger, als nur äußerlich Mitleid mit ihnen zu haben.«
Und es ist so, wie er sagt.

Über die Pflicht zum Sprechen

Die vierte Pflicht aus der Freundschaft ist die Pflicht der Zunge zu sprechen.
So wie es zur Freundschaft gehört, daß man über unangenehme Dinge Schweigen bewahrt, so gehört es auch zu ihr, daß man angenehme Dinge ausspricht. Dies ist sogar in besonderem Maß ein Bestandteil der Freundschaft, denn wer mit Schweigen allein zufrieden ist, der kann gerade so gut die Freundschaft der Toten in den Gräbern suchen. Du möchtest, daß dein Freund dir hilfreich ist und nicht bloß, daß er dich nicht verletzt. Und Schweigen gehört nur dazu, den anderen nicht zu verletzen.
Du solltest deine Zunge gebrauchen, um deinem Freund deine Zuneigung auszudrücken und dich in freundlicher Weise nach seinem Befinden zu erkundigen. Wenn du ihn zum Beispiel über einen Unglücksfall befragst, der sich bei ihm er-

eignet hat, dann solltest du die Betrübnis deines Herzens darüber zum Ausdruck bringen, und darüber, daß die Besserung so langsam voranschreitet.
So solltest du mit Wort und Tat erkennen lassen, daß du die Umstände bedauerst, die für deinen Freund unangenehm sind, und du solltest deine Zunge gebrauchen, ihn wissen zu lassen, daß du seine Freude über alle Umstände teilst, die ihm Vergnügen bereiten. Denn Freundschaft bedeutet die gemeinsame Anteilnahme an der Freude und am Schmerz.
Der Prophet (Gott segne ihn und gebe ihm Frieden!) sagt:
»Wenn einer von euch seinen Bruder liebt, dann soll er es ihn wissen lassen!«
Er gab dieses Gebot, weil es die Verständigung ist, die die Liebe wachsen läßt. Wenn der Bruder weiß, daß du ihn liebst, dann wird er dich natürlich auch lieben. Da ist kein Zweifel. Wenn du dann weißt, daß er dich auch liebt, dann wird seine Liebe ohne Zweifel wachsen. So wird die Liebe

durch die gegenseitige Verständigung auf beiden Seiten wachsen und größer werden. Gegenseitige Liebe der Gläubigen wird vom heiligen Gesetz geboten und von der Religion gefordert. Darum zeigt uns der Prophet (Gott segne ihn und gebe ihm Frieden!) den Weg dorthin, indem er sagt: »Führet einander und liebet einander.«

Dazu gehört auch, daß man seinen Bruder in seiner Anwesenheit wie auch in Abwesenheit mit jenen Namen nennt, die ihm am liebsten sind. Omar (Möge Gott an ihm Gefallen finden!) sagte: »Es gibt drei Arten, aufrichtige brüderliche Liebe zu zeigen: Grüße deinen Bruder mit ›Frieden!‹, wenn du ihn triffst, mache es ihm bequem und nenne ihn bei seinen Lieblingsnamen.«

Ein anderer Punkt ist, daß du jene guten Eigenschaften an ihm lobst, von denen du weißt, daß er sie hat, und zwar in der Gegenwart von Menschen, vor denen er es wünscht, gelobt zu werden. Das ist eine der wirksamsten Methoden zur Erwekkung von Liebe. Ebenso ist es gut, seine Kinder, seine Familie, seine Kunstfertigkeit und seine Handlungsweise zu loben, und dann auch seine Intelligenz, seinen Charakter, seine äußere Erscheinung, seine Schriften, seine Poesie, die Musik, die er macht und überhaupt alles, woran er selbst seine Freude hat. Das soll aber ohne Lüge und ohne Übertreibung geschehen. Aber man kann alles noch ein wenig ausschmücken, wenn es die Sache gestattet.

Noch wichtiger ist, daß du ihm das Lob jedes anderen weitersagst, der ihn gelobt hat, und darüber deine Freude zeigst, denn es wäre der reine Neid, ihm solches Lob zu verschweigen.

Des weiteren solltest du ihm für alles danken, was er für dich tut, und zwar auch schon für seine gute Absicht, wenn ihm die Hilfe einmal nicht ganz gelungen ist. Ali (Möge Gott an ihm Gefallen finden!) hat gesagt: »Wer seinen Bruder nicht für seine gute Absicht lobt, der wird ihn auch für eine gute Tat nicht loben.«

Ein noch besseres Mittel zur Erweckung seiner Liebe ist es, ihn auch in seiner Abwesenheit zu verteidigen, wenn geringschätzig von ihm gesprochen oder seine Ehre angegriffen wird, sei es ausdrücklich oder nur durch eine Anspielung. Freundschaft verlangt die ständige Bereitschaft, Schutz und Hilfe zu gewähren und jeden Kritiker mit scharfen Worten zurechtzuweisen. In solchen Fällen nicht zu sprechen stört das Gefühl und entfremdet das Herz. Es wäre eine mangelhafte Erfüllung der Freundespflicht. Als der Prophet (Gott segne ihn und gebe ihm Frieden!) zwei Brüder mit zwei Händen verglich, von denen jede die andere wäscht, da meinte er damit, daß jeder dem anderen helfen und ihm beistehen sollte.
Der Prophet (Gott segne ihn und gebe ihm Frieden!) sagt: »Der Moslem ist des Moslem Bruder. Er tut ihm kein Unrecht. Er läßt ihn nicht im Stich und er übt keinen Verrat an ihm.«
Welch ein Verrat ist es und wie sehr läßt

man seinen Freund im Stich, wenn man ihn preisgibt, sobald seine Ehre angegriffen wird! Das ist als würde man ihn verlassen, wenn er tätlich angegriffen wird. Wie bösartig wäre es von deinem Freund, wenn er sähe, wie das Fleisch deines Körpers von einem Hund zerrissen wird und doch still daneben stünde, ohne vom Mitleid ergriffen zu werden und vom Wunsch, dich zu verteidigen! Die Zerstörung der Ehre ist schlimmer für die Seele als die Zerstörung des Fleisches. Darum hat Gott (Erhaben ist Er!) diesen Vorgang mit dem Essen von Aas verglichen. Denn Er hat gesagt:
»Würde einer von euch das Fleisch vom Körper seines Bruders essen?« (Koran, Sure 49)
Der Engel, der den Träumen ihre geheime Bedeutung gibt, drückt die Verleumdung aus durch das Essen von Aas. Wenn jemand träumt, daß er Aas ist, dann bedeutet das, daß er Menschen verleumdet. Denn dieser Engel achtet darauf, daß das Symbol geistig dem entspricht, was es ausdrückt.

Daher ist es eine Pflicht aus dem Freundschaftsvertrag den Tadel von Feinden und die Rede derer zurückzuweisen, die dem Freunde gegenüber kritisch eingestellt sind.

Mujahid sagt: »Sprich von deinem Bruder in seiner Abwesenheit nur so, wie du in seiner Anwesenheit von ihm sprechen würdest.«

Daher gibt es zwei Maßstäbe, die du anlegen kannst. Wenn etwas über deinen Bruder gesagt wird, dann überlege entweder, wie du möchtest, daß er dich verteidigt, wenn dasselbe in seiner Gegenwart über dich gesagt wird, und verteidige ihn dann ebenso.

Oder stelle dir vor, daß dein Freund hinter einer Wand steht und die Worte hört, aber glaubt, du wüßtest nichts von seiner Gegenwart. Frage dich, wie sehr dein Herz danach verlangen würde, ihm zu helfen, wenn er dich dabei hören und sehen könnte. Denn ebenso sollte es in seiner Abwesenheit sein.

Jemand hat gesagt: »Immer wenn einer meiner Freunde in Abwesenheit erwähnt wird, stelle ich mir vor, er säße hier und ich sage über ihn das, was er würde hören wollen, wenn er hier wäre.«
Und ein anderer sagte: »Immer, wenn mir gegenüber einer meiner Freunde erwähnt wird, stelle ich mir vor, ich würde in seinem Körper stecken und dann sage ich über ihn das, was ich sagen würde, wenn es mich selbst beträfe.«
Es gehört zum echten Islam, daß du für deinen Bruder nicht annimmst, was du für dich selbst nicht annehmen würdest.
Abu Al Darda sah einst zwei Ochsen, die in einem Doppeljoch vor einen Pflug gespannt waren. Der eine blieb stehen, um seinen Körper zu reiben. Da blieb auch der andere stehen. Da weinte er und sagte: »So ist es wenn zwei Brüder gemeinsam für Gott arbeiten. Wenn einer von ihnen stehenbleibt, tut es auch der andere.«
Durch innere Übereinstimmung kommt die Aufrichtigkeit zur Vollendung. Und

wer in seiner Freundschaft nicht aufrichtig ist, der ist ein Heuchler. Aufrichtigkeit bedeutet, daß es keinen Unterschied macht, ob der andere anwesend oder abwesend ist und daß zwischen Zunge und Herz ebenso kein Unterschied gemacht wird wie zwischen privat und öffentlich. Wenn in einer dieser Hinsichten Unterschiede bestehen, so bedeuten diese einen Bruch der wahren Freundschaft. Das ist Gift für die Religion und ein Verbrechen an jedem Gläubigen.

Wer die Fähigkeit zur Aufrichtigkeit nicht hat, der tut besser daran, alle menschlichen Beziehungen abzubrechen und sich in die Einsamkeit zurückzuziehen, anstatt Freundschaft und Kameradschaft zu suchen. Denn die Pflichten der Freundschaft sind eine Last, die nur dann von wahrhaft wertvollen Menschen getragen werden kann. Reichlich ist in der Tat die Belohnung, aber nur der kann sie erringen, der wahrhaft dafür geeignet ist.

Der Prophet (Gott segne ihn und gebe ihm

Frieden!) sagt: »Abu Hirr, sei deinem Nachbarn ein guter Nachbar und du bist ein guter Moslem. Sei deinem Freunde ein guter Freund und du bist Gott wahrhaft treu.«

Beachte, daß hier die wahre Treue zu Gott die Eigenschaft des guten Freundes ist, und der Islam die des guten Nachbarn. So wird der Unterschied zwischen der wahren Treue zu Gott und dem bloßen Islam mit dem Unterschied in der Schwierigkeit in Beziehung gesetzt, die zwischen der Erfüllung der Pflichten als Freund und als Nachbar bestehen. Die Freundschaft bringt viele verschiedene Pflichten mit sich, deren Bestehen oder Nichtbestehen oft von feinen Unterschieden in der jeweiligen Situation abhängig ist. Nachbarschaft hingegen erzeugt spürbare Verpflichtungen nur selten und niemals auf die Dauer.

Zur Freundespflicht beim Gebrauch der Zunge gehört es auch, Belehrung und Ratschläge zu geben. Denn dein Freund braucht Wissen ebenso sehr, wie er Geld braucht. Wenn du reich an Wissen bist, dann bist du verpflichtet, deinen Überfluß mit ihm zu teilen und ihn alles zu lehren, was über religiöse und weltliche Angelegenheiten zu wissen für ihn nützlich ist. Wenn du ihn lehrst und er aber nicht nach dem Wissen handelt, das du ihm vermittelst, dann bist du verpflichtet, ihm Ratschläge zu geben. Dazu kannst du ihm die Nachteile seines Tuns aufzeigen und die Vorteile, die er durch anderes Handeln erlangen kann. Du kannst ihm vor Augen halten, welche unangenehmen Erlebnisse er in dieser und in der jenseitigen Welt über sich bringen kann, um ihn von seinem falschen Handeln abzubringen. Du kannst seine Aufmerksamkeit auf seine Fehler lenken, indem du ihm mitteilst, was an ihm häßlich ist, und dem zustimmst, was an ihm gut ist.

Aber all das muß so vertraulich geschehen, daß kein anderer davon erfährt. Wenn es sich vor der Öffentlichkeit abspielt, dann

ist es Schimpf und Schande, aber wenn es vertraulich geschieht, dann ist es Mitleid und Ratschlag.
Der Prophet (Gott segne ihn und gebe ihm Frieden!) sagt: »Der Gläubige ist für den Gläubigen ein Spiegel.«
Damit meint er, daß man vom Standpunkt des anderen aus sehen kann, was man vom eigenen aus nicht sehen kann. So kann ein Mensch von seinem Freund dadurch profitieren, daß er seine eigenen Fehler erfährt, ein Vorteil, den er nicht hätte, wenn er auf sich selbst gestellt wäre, so wie er von einem Spiegel dadurch profitieren kann, daß ihm dieser die Fehler in seiner äußeren Erscheinung zum Bewußtsein bringt.
Al Shafi'i (Möge Gott an ihm Gefallen finden!) sagte: »Wenn du deinen Bruder vertraulich ermahnst, so ist das eine Empfehlung und er wird sich bessern. Wenn du ihn aber öffentlich ermahnst, dann entehrst du ihn dadurch und bringst Schande über ihn.«

Mus'ir wurde gefragt: »Möchtest du deine Fehler erfahren?« »Vertraulich ja«, antwortete er, »aber nicht öffentlich.«
Er sprach die Wahrheit. Denn vor der Menge ist es eine Schande, Ratschläge zu bekommen. Am Tage der Auferstehung wird Gott (Erhaben ist Er!) mit Seinen Gläubigen Gericht halten. Unter Seinem Flügel und im Schatten Seines Schleiers wird Er jedem einzelnen seine Sünden vertraulich mitteilen. Das Buch mit seinen Taten wird versiegelt den Engeln übergeben, die ihn in den Garten des Paradieses begleiten werden. Wenn sie an die Pforte des Gartens kommen, werden sie ihm das immer noch versiegelte Buch zum Lesen überreichen.
Die Haßerfüllten aber werden vor eine Masse von Zeugen geführt, wo alle Glieder ihres Körpers von ihren schändlichen Handlungen sprechen müssen, was ihre Unehre und Schande noch vergrößern wird. Das heißt, selbst am Tage der großen Rückschau finden wir bei Gott unsere Zuflucht vor der Schande.

Daher ist der Unterschied zwischen Tadel und Ratschlag durch den Unterschied zwischen Geheimhaltung und Öffentlichkeit gegeben, so wie der Unterschied zwischen Höflichkeit und Heuchelei durch das Motiv für die besondere Nachsichtigkeit gegeben ist. Wenn du aus religiösem Bemühen heraus Nachsicht übst, und weil du meinst, daß du dadurch das Gute in deinem Freund stärken kannst, dann bist du höflich. Wenn du aber deiner eigenen Bequemlichkeit wegen nachsichtig bist, um der Befriedung deiner Wünsche willen und um deinen weltlichen Einfluß zu bewahren, dann bist du ein Heuchler.
Dhu Al Nun sprach: »Übe im Zusammensein mit Gott die Übereinstimmung, im Zusammensein mit den Menschen den aufrichtigen Ratschlag, im Zusammensein mit dir selbst den Widerspruch und im Zusammensein mit dem Teufel die Feindschaft.«
Du magst sagen: »Wenn der Ratschlag das Erwähnen von Fehlern mit einschließt,

dann schließt er auch die Entfremdung des Herzens mit ein. Wie kann es dann zu den Freundespflichten gehören, ihn zu erteilen?« Aber du mußt erkennen, daß die Entfremdung nur daher kommt, daß du deinem Freunde gegenüber solche seiner Fehler erwähnst, die er schon kennt, wohingegen es nur Ausdruck von Sympathie ist, wenn du seine Aufmerksamkeit auf Fehler lenkst, deren er sich nicht bewußt ist. Solcher Hinweis ist stets ermutigend für das Herz des anderen. Ich meine dabei die Herzen intelligenter Menschen. Die Herzen von Narren werden davon nicht berührt.

Wenn jemand deine Aufmerksamkeit auf eine tadelnswerte Handlung lenkt, die du gewohnheitsmäßig immer wieder ausführst oder auf einen tadelnswerten Charakterzug in dir, damit du dich davon befreien kannst, so ist er wie einer, der dich vor einer Schlange warnt, die sich unter deinem Kleide befindet oder vor einem Skorpion. Er zeigt damit, daß es ihm leid wäre, wenn du zugrunde gingest. Wie groß ist deine Narrheit, wenn du damit nicht einverstanden bist! Tadelnswerte Charakterzüge sind wie Skorpione und Schlangen. Sie sind tödliche Gefahren für das jenseitige Leben, denn sie stechen ins Herz und in den Geist und der Schmerz, den sie verursachen, ist schlimmer als der, den äußere physische Stiche verursachen könnten. Denn dieser Schmerz wird durch das Höllenfeuer verursacht, das Gott entzündet hat.

Daher pflegte Omar (Möge Gott an ihm Gefallen finden!) die Anleitung seiner Freunde zu suchen, und er betete: »Gott, habe Erbarmen mit einem Mann, der seinen Brüdern seine Fehler zeigt.«

So fragte Omar den Salman, als er zu ihm kam: »Was hast du über mich gehört, womit du nicht einverstanden bist? Sage es mir, damit ich versuchen kann, mich zu bessern.«

Und da er darauf bestand, sagte Salman: »Ich habe gehört, daß du zwei Garnituren

Kleidung hast, eine, die du am Tage trägst und eine für die Nacht. Ich habe auch gehört, daß du täglich zwei Mahlzeiten am selben Tisch einnimmst.«

Darauf sagte Omar (Möge Gott Gefallen an ihm finden!): »Diese beiden Dinge habe ich von nun an satt. Hast du sonst noch etwas gehört?« »Nein«, sagte Salman.

Hudhayfa Al Mar'ashi schrieb an Yusuf Ibn Asbat: »Ich höre, daß Du Deine Religion für zwei Teile einer Maß verkauft hast. Du bliebst bei einem Milchmann stehen und fragtest ihn: ›Wieviel ist das?‹ Er antwortete, ›ein Sechstel einer Maß‹, aber Du sagtest ›Nein, es ist ein Achtel‹. ›Nimm es für ein Achtel‹ sagte er darauf. Dieser Mann aber kannte Dich. Nimm den Schleier der Nachlässigkeit von Deinem Haupt und hüte Dich vor dem Schlaf des Todes! Wisse, daß ein Mann, der den Koran liest und damit nicht zufrieden, immer noch diese Welt für sich wählt, sicher zu denen gehört, die die von Gott gegebenen Zeichen nicht ernst nehmen.«

Gott (Erhaben ist Er!) hat die Lügner dadurch charakterisiert, daß sie den hassen, der ihnen rät, denn Er sprach: »Aber ihr liebt die nicht, die euch raten.« (Koran, Sure 7)
Alles das bezieht sich auf Fehler, deren sich der andere nicht bewußt ist. Wenn du aber weißt, daß er seinen Fehler kennt und nur von seiner Natur aus unter dem Zwang steht, ihn zu begehen, dann solltest du den Fehler nicht erwähnen, solange er ihn verbirgt. Wenn er den Fehler aber sichtbar werden läßt, dann muß du ihn freundlich darauf hinweisen, einmal durch eine Andeutung, ein anderes Mal wieder ausdrücklich, aber niemals bis zum Punkt der Entfremdung. Wenn du weißt, daß dein Ratschlag nichts fruchten wird und daß dein Freund von seiner Natur her gleichsam gezwungen ist, auf seinem Fehler zu beharren, dann ist es besser, du sagst nichts.
Alles das bezieht sich auf das Verhältnis deines Freundes zur Religion und zur Welt.

Wenn er aber seine Pflichten dir gegenüber verletzt, dann hast du die Aufgabe, Geduld, Vergebung und Verzeihung zu üben und ein Auge zuzudrücken. Hierüber etwas zu sagen, hat nichts mehr mit freundlichem Ratschlag zu tun.
Wenn dein Freund allerdings so hartnäckig an seinem Fehler festhält, daß es zum Bruch der Freundschaft führen kann, dann ist Widerspruch unter vier Augen besser als der Bruch. Andeutungen sind besser, als direkt davon zu sprechen und briefliche Mitteilung ist besser als mündliche. Und doch ist die Geduld das beste Mittel von allen.
Denn dein Ziel sollte es sein, dich selbst dahingehend zu bessern, daß du ihm mehr Entgegenkommen zeigst, deine Pflichten ihm gegenüber erfüllst und seinen Mangel mit Geduld erträgst. Es sollte nicht dein Zweck sein, aus seiner Hilfe und Freundschaft Nutzen zu ziehen.
Abu Bekr Al Kattani sagte: »Es gab einen Mann, der ständig meine Gesellschaft

suchte, so daß ich das als Last empfand. Da machte ich ihm ein Geschenk, in der Hoffnung, daß dadurch mein Herz leichter würde. Aber dieser Erfolg trat nicht ein. Darauf führte ich ihn eines Tages an der Hand in mein Haus und sagte: ›Stelle deinen Fuß auf meine Wange‹. Er lehnte das ab, aber ich bestand darauf. Schließlich tat er es und da wich die Last völlig von meinem Herzen.«

Abu Ali Al Ribati sagte: »Ich ging als Gefährte mit Abdullah Al Razi in die Wüste. Da sagte dieser: ›Einer von uns beiden muß der Anführer sein.‹ ›Besser du‹, sagte ich. ›Dann mußt du gehorchen‹, sagte der. ›Wohl‹, sagte ich zum Einverständnis. Dann nahm er einen Sack, füllte ihn mit Mundvorrat und lud ihn auf seinen Rükken. Als ich dann sagte: ›Gib ihn mir!‹, antwortete er: ›Hast du nicht gesagt, daß ich der Anführer bin? Also mußt du gehorchen.‹ In der Nacht überraschte uns der Regen. Er stand bis zum Morgen neben meinem Kopf und schützte mich so mit dem Mantel, den er trug, vor dem Regen, während ich zu mir selbst sagte: ›Wäre ich nur eher gestorben, als zu ihm zu sagen, er solle der Anführer sein.‹«

Über die Pflicht zur Verzeihung

Die fünfte Freundespflicht ist das Verzeihen von Mängeln und Verfehlungen. Die Verfehlung eines Freundes besteht entweder in der Verletzung einer religiösen Pflicht oder in einer Verletzung der Freundespflicht dir gegenüber.

Wenn dein Freund eine religiöse Pflicht beharrlich verletzt, dann mußt du ihn darauf freundlich hinweisen, und dabei das Ziel vor Augen haben, daß der Mangel deines Freundes behoben wird, sein Leben in Ordnung gebracht, und daß er zum richtigen Zustand der Tugend zurückfindet.

Wenn du dazu nicht imstande bist und dein Freund hartnäckig bleibt, dann sind wir an einem Punkt, wo sich zwischen den einzelnen Gefährten und Nachkommen des Propheten die Meinungen darüber scheiden, ob dein Freund sein Recht auf

deine Liebe weiterbehält oder ob du die Beziehung abbrechen sollst.
Abu Dharr (Möge Gott Gefallen an ihm finden!) war für die Trennung. Er sagte: »Wenn dein Bruder der Pflicht den Rücken kehrt, dann hasse ihn ebensosehr, wie du ihn zuvor geliebt hast.«
Er hielt das für den Weg, der daraus folgt, daß Liebe und Haß nur Gott dienen sollen.
Abu Al Darda und ein Teil der Gefährten des Propheten nahm aber den gegenteiligen Standpunkt ein. Abu Al Darda sagte: »Wenn sich dein Bruder zum Schlechten ändert und seiner früheren guten Sinnesart untreu wird, dann verlasse ihn deswegen nicht, denn auch wenn er jetzt übel gehandelt hat, so wird er doch später wieder gut sein.«
Ibrahim Al Nakha'i sagte: »Brich nicht mit Deinem Bruder und verabscheue ihn nicht wegen einer Sünde, die er begangen hat, denn vielleicht begeht er die Sünde heute und läßt morgen wieder von ihr ab.«

Und er sagte auch: »Erzähle den Menschen nicht von der Missetat eines gelehrten Mannes, denn der Gelehrte kann einen Fehler einmal machen und dann wieder von ihm ablassen.«
In der Überlieferung heißt es: »Hüte dich vor dem Fehltritt des gelehrten Mannes. Verwirf den Mann nicht, aber warte bis er zum Guten zurückkehrt.«
Über Omar wird erzählt, daß er sich einst nach einem Mann erkundigte, den er zum Freund genommen hatte und der dann nach Syrien gegangen war. Er fragte einen Besucher: »Was hat mein Bruder getan?« »Dieser Mann ist der Bruder des Satans«, bekam er zur Antwort. »Warum?«, fragte er. »Er hat große Sünden begangen und sogar angefangen, Wein zu trinken.«
Omar sagte seinem Besucher, er möge es ihn wissen lassen, wenn der Freund zurückzukehren gedenke und schrieb dann an diesen: »Im Namen Gottes des All-Erbarmenden. Die Offenbarung des Buches ist von Gott, dem Allmächtigen und

Allwissenden, der die Sünden verzeiht, der die Reue annimmt, der aber streng bestraft.« Und in der weiteren Folge des Briefes schalt er ihn. Sein Freund aber weinte, als er den Brief erhielt und sagte: »Gott spricht die Wahrheit und Omar rät mir richtig.«

So bereute er und kam zurück.

Es gibt eine Geschichte von zwei Freunden, von denen einer einen üblen Wunsch hegte. Er offenbarte den Wunsch seinem Freund und sagte: »An mir ist jetzt ein Makel und wenn es dein Wunsch ist, dann kannst du dich als vom Freundschaftsvertrag mit mir frei betrachten.«

Aber der andere sagte: »Ich werde unseren Vertrag wegen deines Irrtums nicht auflösen.«

Dann gelobte er Gott, so lange nichts zu essen und zu trinken, bis daß Gott seinen Freund von der Leidenschaft heilen würde. Vierzig Tage lang fragte er seinen Freund immer wieder, ob er diesen üblen Wunsch noch immer habe. Und dieser antwortete ihm jedes Mal, der Zustand seines Herzens sei immer noch unverändert. So verzehrten ihn Sorge und Hunger. Nachdem vierzig Tage vergangen waren, verließ die üble Leidenschaft das Herz des Freundes und dieser brachte ihm die Kunde. Da aß und trank er wieder, nachdem er vor Abmagerung und Leid schon dem Tode nahe gewesen war.

In den Geschichten um das Volk Israel ist von zwei Brüdern in Gott die Rede, die zusammen auf einem Berg weilten. Einer von ihnen ging in die Stadt hinunter, um für einen Pfennig Fleisch einzukaufen. Da sah er im Fleischerladen eine Hure, schaute sie an und verliebte sich in sie. Dann ging er mit ihr an einen abgeschiedenen Ort, um ihr beizuwohnen. Nachdem er drei Nächte mit ihr verbracht hatte, wollte er nicht mehr zu seinem Bruder zurückkehren, weil er sich wegen seiner Sünde schämte.

Inzwischen vermißte ihn sein Bruder und war seinetwegen besorgt. Er kam in die

Stadt herunter und fragte so lange nach ihm, bis man ihn zu ihm führte. Er ging hin und fand seinen Freund neben der Frau sitzend. Er umarmte ihn und begann ihn zu küssen und zu liebkosen, aber der andere leugnete, ihn zu kennen, weil er sich so schämte. Da sagte er: »Komm, mein Bruder. Ich weiß, wie es dir erging und wie es dazu gekommen ist und dennoch warst du mir noch nie so lieb und so teuer wie in diesem Augenblick.«

Erst jetzt, als der Freund erkannte, daß ihn das, was geschehen war, in den Augen des Freundes nicht geringer gemacht hatte, stand er auf und ging mit ihm.

Darin erkennen wir eine Lehrmeinung, die subtiler und zugleich konsequenter ist als die von Abu Dharr (Möge Gott an ihm Gefallen finden!), obwohl diese mehr der Wortbedeutung und der Sicherheit entspricht.

Du kannst fragen, warum ich die andere Anschauung subtiler und konsequenter nenne. Du magst einwenden, daß es nicht erlaubt ist, einen Freundschaftsvertrag mit einem Manne zu schließen, der eine Verfehlung begeht und daß der Vertrag deshalb als Folge der Verfehlung beendet werden muß. Denn wenn eine Rechtsbeziehung nur bei Vorhandensein bestimmter Umstände entstehen darf, dann ergibt sich aus der Analogie, daß die Beziehung enden muß, wenn diese Umstände wegfallen. Im Falle der Freundschaft bestehen diese Umstände in der Möglichkeit der gegenseitigen Hilfeleistung auf religiösem Gebiet, die aber nach der Verfehlung nicht weiterbesteht.

Wenn ich sage, die andere Anschauung ist subtiler, dann beziehe ich mich darauf, daß Zärtlichkeit, Trost und Wohlwollen darauf hinwirken, Menschen zur Besinnung zu bringen und zur Reue zu inspirieren. Denn wenn die Freundschaft weiterbesteht, dann wird der betreffende auch in Zukunft noch Scham vor dem Freunde empfinden. Wenn die Beziehungen aber abgebrochen werden und sein Denken an

die Verbindung mit dem Freunde aufhört, dann wird er starrköpfig mit seinem Tun fortfahren.
Wenn ich sage, die Anschauung ist konsequenter, dann meine ich damit, daß Freundschaft prinzipiell die gleiche Grundlage hat wie die Verwandtschaft. Ist der Vertrag einmal abgeschlossen, beginnt die Pflicht zu bestehen und was der Vertrag vorsieht, muß erfüllt werden. Zu dieser Erfüllung gehört, daß man den Freund in den Tagen seiner Not und Armut nicht vergißt. Und Armut in der Religion ist noch drückender als materielle Armut. Wen sie trifft, den verfolgt das Schicksal und die Widrigkeiten stellen sich gegen ihn. Dadurch verarmt er in seiner Religion. Darum muß man einem solchen Freund besondere Aufmerksamkeit und Fürsorge schenken und darf ihn nicht vernachlässigen. Nein, er braucht ständige freundliche Behandlung, damit ihm aus der Schwierigkeit, die ihn befallen hat, herausgeholfen werden kann.

Freundschaft ist eine Vorsorge für die Wechselfälle und Unglücksfälle der Zeit und hier handelt es sich um den schlimmsten aller Unglücksfälle. Außerdem, wenn sich ein Mann von übler Moral an der Freundschaft eines gottesfürchtigen Mannes erfreut und dessen Gottesfurcht und regelmäßigen Lebenswandel beobachten kann, dann wird er bald zum Guten zurückfinden und sich schämen, im Übel zu verharren. Tatsächlich wird auch ein fauler Mensch durch die Freundschaft mit einem fleißigen zum Fleiß angetrieben, weil er sich schämt.

Ja'far Ibn Sulayman sagte: »Immer wenn mein Arbeitseifer erlahmte, schaute ich auf Muhammed Ibn Wasi und dessen Einstellung zum Gehorsam. Da kam stets mein Glaubenseifer zurück, die Trägheit verließ mich und ich konnte wieder eine Woche lang arbeiten.« Hier ist der Beweis: Die Freundschaft ist ein Band des Fleisches wie die Blutsverwandtschaft und auch bei einem Verwandten ist es nicht erlaubt, ihn einer Verfehlung wegen zu verabscheuen. So hat Gott (Erhaben ist Er!) zu Seinem Propheten (Gott segne ihn und gebe ihm Frieden!) dessen Verwandtschaft betreffend gesagt: »Wenn sie dir nicht gehorchen, dann sage zu ihnen: ›Ich habe euer Tun satt‹.« (Koran, Sure 26)

Er hat ihm nicht gesagt, er solle sagen: »Ich habe euch satt«. Das geschah im Hinblick auf die Pflichten aus dem Band der Verwandtschaft und der Blutsverwandtschaft. Darauf bezog sich auch Abu Al Darda als er auf Fragen der Art: »Haßt du deinen Bruder, wenn er das oder jenes getan hat?« zur Antwort gab: »Ich hasse nur, was er getan hat. Ansonsten aber ist er mein Bruder.«

Bruderschaft aus der Religion ist stärker als Bruderschaft aus Verwandtschaft. Ein Weiser wurde einst gefragt: »Welcher ist dir lieber, dein Bruder oder dein Freund?« Da sagte er: »Ich liebe meinen Bruder nur, wenn er mein Freund ist.«

Al Hasan pflegte zu sagen: »Wie viele

deiner Brüder sind nicht von deiner Mutter geboren worden!«
Darum sagt man, Verwandtschaft braucht Liebe, aber Liebe braucht keine Verwandtschaft. Ja'far Al Sadiq (Möge Gott an ihm Gefallen finden!) sagte: »Die Liebe eines Tages ist eine Beziehung, die Liebe eines Monats ist Verwandtschaft. Die Liebe eines Jahres aber ist Blutsverwandtschaft, und wer sie zerbricht, den wird Gott zerbrechen.«
So ist die Erfüllung des Freundschaftsvertrages Pflicht, sobald der Vertrag einmal geschlossen ist. Das ist unsere Antwort auf das Argument, daß das Eingehen einer Freundschaft mit einem unmoralischen Menschen verboten ist. Denn dieser hat vor Abschluß des Freundschaftsvertrages keinerlei Recht. Wenn aber zum Beispiel eine Verwandtschaftsbeziehung gegeben ist, dann ist es sicher nicht richtig, mit dem betreffenden zu brechen, man sollte vielmehr versuchen, auf ihn so einzuwirken, daß er sich bessert.

Der Beweis für unsere Anschauung ist, daß es weder tadelnswert noch verwerflich ist, wenn man es vermeidet, eine Freundschaft einzugehen. Tatsächlich sagen einige Gelehrte, es ist besser, man geht seine eigenen Wege. Aber die Freundschaft abzubrechen, ist verboten und an sich tadelnswert. Das verhält sich zum Vermeiden des Eingehens einer Freundschaft wie die Ehescheidung zum Vermeiden der Eheschließung. Und Ehescheidung wird von Gott (Erhaben ist Er!) mehr verabscheut als das Vermeiden der Eheschließung.

Der Prophet (Gott segne ihn und gebe ihm Frieden!) sagt: »Die schlimmsten unter den Geschöpfen Gottes sind die, die Verleumdungen verbreiten, welche Menschen, die einander lieben, voneinander trennen.«

Einer der Gläubigen der ersten Zeit sagte über das Entdecken von Fehlern an Freunden: »Der Satan tut solches gerne deinem Bruder an, damit du ihn verabscheust und mit ihm brichst. Sehr vorsichtig mußt du mit dem sein, was deinem Feinde lieb ist!« Denn das tut der Satan gerne, Trennung erzeugen zwischen denen, die sich lieben. Wenn der Satan ein Ziel erreicht, dann sollte man ihm nicht auch die Erfüllung eines zweiten noch dazugeben! Der Prophet (Gott segne ihn und gebe ihm Frieden!) spielte darauf an, als er mit folgenden Worten einen Mann rügte, der übel über einen Missetäter sprach: »Wehe! Sei nicht der Gehilfe des Satans gegen deinen Bruder!«

Alles das macht den Unterschied zwischen Fortsetzung und Anfang klar. Denn man soll den Umgang mit unmoralischen Menschen meiden. Aber man soll es ebenso vermeiden, sich von Freunden und geliebten Menschen zu trennen. Es ist ein Unterschied, ob man eine Verpflichtung hat oder ob man frei ist. Wir haben gesehen, daß es besser sein kann, den Kontakt zu vermeiden und die Distanz zu wahren. Was aber die Fortsetzung der schon begonnenen Beziehung betrifft, so gibt es da unterschiedliche Meinungen. Aber es ist der bessere Weg, seine Freundespflicht weiterhin zu erfüllen.

Alles, was wir bisher gesagt haben, bezieht sich auf Verfehlungen des Freundes gegen die Religion. Wenn aber Verfehlungen gegen die Freundespflicht zur Entfremdung geführt haben, dann gibt es keine unterschiedlichen Meinungen darüber, daß in diesem Fall Verzeihung und Geduld der richtige Weg sind. Wo immer eine positive Interpretation für das Verhalten des Freundes möglich ist, oder eine Entschuldigung – sei sie naheliegend oder weit hergeholt – dort ist es eine zwingende Freundespflicht, das Verhalten des Freundes, so lange das möglich ist, zu dessen Gunsten auszulegen und jede Entschuldigung von ihm anzunehmen, sei sie naheliegend oder auch weit hergeholt.

Man hat gesagt, du sollst siebzig Entschuldigungen für die Untaten deines Bruders suchen. Und wenn dein Herz keine davon annimmt, sollst du dich selbst tadeln und zu deinem Herzen sagen: »Wie hart du bist! Dein Bruder schlägt dir siebzig Entschuldigungen vor und du nimmst sie nicht an. Der Fehler liegt bei dir, nicht bei deinem Bruder!«

Auch wenn es unmöglich zu sein scheint, die Dinge in einem guten Licht zu sehen, solltest du nicht ärgerlich werden, sofern dir das gelingt, auch wenn das sehr viel verlangt sein kann. Al Shafi'i (Möge Gott ihm gnädig sein!) sagte: »Wer sich provozieren läßt, ohne seinen Ärger zu zeigen, der ist ein Esel. Wer aber Grund zum Vergnügen hat und keines empfindet, der ist ein Teufel!«

So sei kein Esel und kein Teufel! Gib deinem Herz allen Grund, sich an dir als dem Advokaten deines Freundes zu freuen, und hüte dich davor, ein Teufel zu sein, indem du seine Rechtfertigung nicht gelten läßt!

Al Ahnaf sagte: »Die Pflicht des Freundes ist es, vom Freunde drei Dinge zu ertragen: seinen ungerechten Ärger, seine falsche

Vertraulichkeit und seine Verletzungen der Freundespflicht.«

Ein anderer sagte: »Ich spreche nie über jemanden übel. Denn wenn der, der übel über mich spricht, ein edler Mann ist, dann ist es meine Pflicht, ihm zu verzeihen. Wenn er aber von niedriger Art ist, dann erlaube ich meiner Ehre nicht, seine Zielscheibe zu werden.« Und er machte den folgenden Vers:

Den Fehler des Edelmanns
vergebe ich aus Demut.
Die Schmähung des
Niederträchtigen
übersehe ich aus Vornehmheit.«

Ein anderer Dichter sagte:

›Nimm von deinem Freund,
was an ihm rein ist,
und laß das Unreine gehn.
Zum Streiten zu kurz ist das Leben
und zum Herumwerfen mit Worten.‹

Wenn immer dein Freund sich bei dir entschuldigt, so nimm seine Entschuldigung an, gleich ob er lügt oder ob er die Wahrheit sagt. Der Prophet (Gott segne ihn und gebe ihm Frieden!) sagt: »Wer die Entschuldigung seines Bruders nicht annimmt, begeht eine ebenso große Sünde wie der, der Steuern eintreibt, die wider das göttliche Gesetz verordnet wurden.«

Und er (Gott segne ihn und gebe ihm Frieden!) sagte auch: »Der Gläubige ist schnell verärgert und auch schnell wieder zufrieden.«

Er hat nicht gesagt, daß der Gläubige nicht ärgerlich wird. Auch Gott (Erhaben ist Er!) hat gesagt: »... und die ihren Zorn beherrschen.« (Koran 2. Sure 3*)

Er hat nicht gesagt, »... die keinen Zorn haben.«

Normalerweise geschieht es nicht, daß ein Mensch physisch verwundet wird, ohne Schmerz zu fühlen, aber es kann sein, daß er den Schmerz mit Geduld erträgt. Aber so wie der Schmerz von einer Wunde zur

* Diese Koranstelle enthält eine Aufzählung derer, für die das Paradies bereitet wurde.

Natur des physischen Körpers gehört, so gehört der Schmerz, der die Ursache des Ärgers bereitet, zur Natur des Herzens. Er kann nicht ein für allemal zum Verschwinden gebracht werden. Aber man kann ihn beherrschen und unterdrücken und seinen Auswirkungen entgegenwirken, indem man eine Abhilfe sucht oder sich rächt. Aber man kann auch überhaupt davon Abstand nehmen, unter dem Einfluß dieses Schmerzes zu handeln.
Ein Dichter sagt:

›Du kannst nicht rennen
mit deinem Bruder,
ohne zu sehen,
wie er die Fassung verliert.
So hat jeder Mensch seine Fehler.‹

Abu Sulayman Al Darani sagte zu Achmed Ibn Abi Al Hawari: »Wenn du in der heutigen Zeit jemanden zu deinem Freund machst, dann weise ihn nicht zurecht über das, was dir an ihm nicht gefällt, denn es gibt keine Garantie dafür, daß das, was er dir zur Antwort gibt, nicht schlimmer ist als das, worüber du dich beklagt hast.«

Darauf sagte Achmed: »Ich habe den Versuch wirklich gemacht und das, was du sagst, bestätigt gefunden.«

Jemand hat auch gesagt, daß Geduld mit dem Schmerz, den ein Freund dir verursacht, besser ist, als den Freund zu schelten obwohl das Schelten immer noch besser ist, als das Abbrechen der Freundschaft und dieses noch besser als das Zurückschlagen. Sollte es zum Zurückschlagen kommen, dann sollte es mit nicht zu viel Bosheit geschehen. Gott (Erhaben ist Er!) hat gesagt: »Vielleicht wird Gott Liebe schaffen zwischen dir und denen, die du zu Feinden gehabt hast.« (Koran, Sure 60)

Der Prophet (Gott segne ihn und gebe ihm Frieden!) sagt: »Fahre fort, deinen Freund zu lieben, denn eines Tages könnte er dein Feind werden. Und fahre fort, deinen Feind zu hassen, denn eines Tages könnte er dein Freund werden!«

Omar (Gott möge an ihm Gefallen finden!) sagte: »Laß aus deiner Liebe nicht Anhänglichkeit werden und aus deinem Haß nicht Zerstörung.«
Das könnte geschehen, wenn du dir die Vernichtung deines Gefährten um den Preis deiner eigenen Zerstörung wünschst.

Über die Pflicht, für den Freund zu beten

Die sechste Pflicht ist es, für deinen Freund zu beten, sowohl während seines Lebens als auch nach seinem Tod. Bete darum, daß er alle Dinge bekommt, die er sich für sich selbst, für seine Familie und für die wünscht, die von ihm abhängig sind.

Du solltest für ihn so beten, wie du für dich selbst betest und dabei zwischen dir und ihm keinen Unterschied machen. Denn in Wirklichkeit ist dein Gebet für ihn ein Gebet für dich selbst. Der Prophet (Gott segne ihn und gebe ihm Frieden!) sagt: »Immer wenn ein Mensch im geheimen für seinen Bruder betet, dann sagt der Engel: ›Und dasselbe für dich!‹ «

Und in einer anderen Version heißt es: »... Gott (Erhaben ist Er!) wird sagen: ›Ich beginne bei dir, mein Diener!‹«

In der Überlieferung heißt es: »Das Gebet eines Menschen für seinen Bruder wird beantwortet, wohingegen das, das er für sich selbst spricht, ohne Antwort bleibt.« Und: »Das geheime Gebet eines Menschen für seinen Bruder wird nicht überhört.«
Abu Al Darda pflegte zu sagen: »Ich bete bei jedem meiner täglichen Gebete für siebzig meiner Brüder und nenne sie alle beim Namen.«
Muhammed Ibn Yusuf Al Isfahani pflegte zu sagen: »Wo gibt es einen tugendhaften Bruder? Das ist einer, der dich vermißt, wenn deine Familie dein Erbe unter sich teilt und sich an dem freut, was du hinterläßt, dem deine Verdienste am Herzen liegen und dein Seelenheil. Dein tugendhafter Bruder betet für dich in der Dunkelheit der Nacht, wenn du einst unter der Erde liegst.«
Es scheint, daß der tugendhafte Bruder in den Fußstapfen der Engel wandelt, denn nach der Überlieferung ist es so: »Wenn

ein Mensch stirbt, fragen die Leute: ›Was hat er hinterlassen?‹ Aber die Engel fragen: ›Welche Verdienste hat er sich erworben?‹ Sie freuen sich über seine Verdienste, sie fragen nach ihm und sie zeigen Mitleid mit ihm.«

Man sagt auch: »Wer, sobald er vom Tode seines Freundes erfährt, für diesen um Vergebung seiner Sünden betet, dem wird dies ebenso zugute gehalten, als hätte er das Begräbnis besucht und dort sein Gebet verrichtet.«

Vom Propheten (Gott segne ihn und gebe ihm Frieden!) wird berichtet, daß er gesagt hat: »Der Tote in seinem Grab ist wie ein Schiffbrüchiger, in allen Dingen völlig hilflos. Er wartet darauf, daß ein Sohn, ein Bruder oder sonst eine verwandte Seele für ihn ein Gebet spricht.«

Wahrlich, Lichter, die groß sind wie Berge, gehen durch die Gebete der Lebenden in die Gräber der Toten ein. Ein Gläubiger der ersten Zeit hat gesagt: »Gebete sind für die Toten, was Geschenke für die Lebenden sind. Der Engel in seinem Lichtgewand kommt zu den Toten mit einer Ladung von Licht und sagt: ›Das ist ein Geschenk für dich von deinem Bruder oder von deinem Verwandten‹, und dabei nennt er diesen beim Namen. Und der Verstorbene hat daran seine Freude, so wie ein Lebender an einem Geschenk seine Freude hat.«

Über die Pflicht zur Treue und Aufrichtigkeit

Die siebente Freundespflicht ist die Pflicht zur Treue und zur Aufrichtigkeit.
Treue bedeutet auszuharren in der Liebe und damit fortzufahren bis zum Tode deines Freundes und die Liebe nach dessen Tod auf seine Kinder und seine Gefährten übergehen zu lassen. Denn die wahre Bedeutung der Liebe ist für das Leben im Jenseits. Wenn sie vor dem Tode zu Ende geht, dann war die Mühe vergebens und die unternommene Anstrengung verschwendet.
Der Prophet (Gott segne ihn und gebe ihm Frieden!) sagt: »Unter den sieben, die im Schatten Gottes verweilen dürfen, sind auch zwei Männer, die einander von Gottes wegen lieben, ohne Unterschied, ob sie zusammen sind oder ob sie getrennt sind.«

Einer sagt: »Ein wenig Treue im Tod ist besser als viel Treue im Leben.«
So wird erzählt, daß der Prophet (Gott segne ihn und gebe ihm Frieden!) einst einer Frau, die ihn besuchte, einen herzlichen Empfang bereitete. Als man ihn dann deswegen befragte, sagte er: »Sie pflegte zu Lebzeiten der Khadija* zu uns zu kommen. Und wahre Freundschaft zu ehren, gehört zur Religion.«
Zur Treue dem Freunde gegenüber gehört auch die Fürsorge für seine Gefährten, seine Verwandten, und die, die von ihm abhängig sind. Die Fürsorge für diese ist für das Herz des Freundes eine noch größere Pflicht als die Fürsorge für den Freund selbst, denn auch dessen größere Freude liegt in der Sorge für die, die von ihm abhängig sind. Nichts zeigt die Größe des Mitleids und der Liebe so sehr, als wenn sich diese vom Geliebten selbst auf alle übertragen, die von ihm abhängig sind. Sogar der Hund vor seiner Tür sollte in

* Mohammeds erste Frau

deinem Herzen vor allen anderen Hunden den Vorzug haben.
Immer wenn nach fürsorglicher Liebe die Treue gebrochen wird, hat der Satan seine üble Freude daran, denn selbst zwei Menschen, die einander mit guten Werken beistehen, beneidet er weniger als zwei Freunde, die in Freundschaft und Liebe von Gottes wegen vereinigt sind. Darum bemüht er sich soviel er kann, ihre Beziehung zu zerstören. Gott (Erhaben ist Er!) spricht: »Sage Meinen Dienern, sie sollen aufs freundlichste reden. Siehe, der Satan sucht Streit unter ihnen zu stiften.« (Koran, Sure 17)
Und in der Geschichte des Joseph sagt Er: »... nachdem der Satan zwischen Mir und Meinen Brüdern Uneinigkeit gesät hat.« (Koran, Sure 12)
Man sagt, daß ein Bruch zwischen zwei Menschen, die Brüder in Gott geworden sind, nur durch eine Sünde geschehen kann, die einer von ihnen begeht. Bishr Al Hafi pflegte zu sagen: »Wenn ein Geschöpf

Gott den Gehorsam verweigert, dann nimmt ihm Gott einen vertrauten Freund.«

Denn Freunde sind eine Ablenkung von den Sorgen und eine Hilfe auf dem Weg zu Gott. Ibn Al Mubarak sagte: »Das Schönste überhaupt ist das Zusammensein mit Freunden und die Zufriedenheit mit sich selbst.«

Bleibende Liebe ist die Liebe von Gottes wegen. Sowie die Liebe einen anderen Gegenstand hat, endet sie mit dem Vergehen dieses Gegenstandes.

Eine Frucht der Liebe von Gottes wegen ist, daß es in ihr keinen Neid geben kann, weder in bezug auf religiöse noch in bezug auf weltliche Dinge. Wie kann man Neid für seinen Bruder fühlen, wenn aller Nutzen, der ihm zuteil wird, einem selbst zuwächst? Und so beschreibt Gott (Erhaben ist Er!) jene, die um Seines erhabenen Selbst willen lieben: »Sie fühlen in ihrer Brust kein Verlangen nach dem, was den anderen gegeben wurde, sondern sie stel-

len die anderen höher als sich selbst.«
(Koran, Sure 59)
Hätten sie dieses Verlangen, dann hätten sie auch Neid.
Zur Treue gehört es auch, daß man die Beziehung nicht zur Demütigung für den Freund ausarten läßt. Wer Bedeutung erlangt, und sieht, wie sich seine Autorität ausdehnt und seine Würde wächst, und das seinen Freund spüren läßt, der ist nichtswürdig.
Ein Dichter hat gesagt:

›Die Edlen,
auch wenn der Erfolg sie erhöht,
erinnern sich ihrer Freunde
aus ihrer bescheidenen Zeit.‹

Ein Gläubiger der frühen Tage gab seinem Sohn folgenden Rat: »Mein Sohn, nimmt dir keinen Mann zum Freund, der sich nicht deiner annimmt, wenn du ihn brauchst. Nimm dir einen, der nicht eifersüchtig wird, wenn du ohne ihn auskommst, und der es dich nicht fühlen läßt, wenn er eine bedeutende Stellung hat.«

Ein Weiser sagte einst: »Wenn dein Bruder eine bedeutende Stellung erlangt, und doch die Hälfte seiner bisherigen Liebe beibehält, dann ist das schon sehr viel.«

Al Rabi'i erzählt uns, daß Al Shafi'i (Möge Gott ihm gnädig sein!) einen Mann aus Bagdad zum Freunde nahm. Dieser Freund wurde Statthalter von Al Saybayn und von da an war er ihm gegenüber verändert. Da schrieb ihm Al Shafi'i die folgenden Strophen:

›Zieh hin!
Deine Liebe ist ewig frei.
Mein Herz bindet sie nicht.
Noch nicht unwiderruflich
sind wir geschieden.
Noch kannst Du Dich ändern.
Ich hab Dich erst einmal ermahnt.
Noch zweimal mahne ich
Deine Liebe.
Weist Du mich jetzt zurück,
ermahn' ich Dich wieder.
Dann sinds der Absagen zwei.

Erst die dritte
ist dann für immer.
Nutzlos ist dann für Dich
die Statthalterei über Al Saybayn!‹

Wisse aber, daß es nicht zur Treue gehört, daß du deinem Freund in Unternehmungen beistehst, die in religiöser Beziehung gegen Treue und Glauben verstoßen. Vielmehr ist es dann ein Gebot der Treue, daß du dem Freunde Widerspruch entgegensetzt.

Al Shafi'i (Möge Gott an ihm Gefallen finden!) nahm sich Muhammed Ibn Abd Al Hakam zum Freunde. Er war sein enger und ständiger Gefährte und pflegte zu sagen: »Nur seinetwegen bleibe ich in Ägypten.«

Als Muhammed krank wurde, da besuchte ihn Al Shafi'i (Möge Gott ihm gnädig sein!) und sagte dann darüber:

›Mein Teurer war krank,
da habe ich ihn besucht.
Da wurde ich krank
aus Sorge um ihn.

Da kam der Teure,
mich zu besuchen.
Und als ich ihn sah,
ward ich geheilt.‹

Angesichts dieser aufrichtigen Freundschaft erwarteten alle, daß Al Shafi'i seinen Freund Al Hakam für die Zeit nach seinem Tod mit der Leitung des Kreises seiner Anhänger betrauen würde. Als dann Al Shafi'i (Möge Gott ihm gnädig sein!) während seiner Todeskrankheit gefragt wurde: »Zu wessen Füßen sollen wir sitzen, O Abu Abdullah, nachdem du gegangen bist?«, da trat Muhammed Ibn Abd Al Hakam vor, damit Al Shafi'i besser auf ihn zeigen konnte. Aber Al Shafi'i sagte: »Ehre sei Gott! Kann es da irgendeinen Zweifel geben? Abu Ya-qub Al Buwayti ist jener Mann.«

Da war Al Hakams Selbstvertrauen erschüttert und Al Shafi'is Anhänger wandten sich an Al Buwayti. Obwohl Al Hakam alle Lehren seines Meisters gelernt hatte, war Al Buwayti dennoch der Würdigere, weil er mehr Selbstbeherrschung und Frömmigkeit hatte als jener. So blieb Al Shafi'i Gott und den Moslems gegenüber treu. Er vermied die Heuchelei und zog das menschliche Vergnügen dem Vergnügen Gottes (Erhaben ist Er!) nicht vor. Bei seinem Tode wandte sich Muhammed Ibn Al Hakam von seiner Schule ab und wandte sich der Schule seines Vaters und dem Studium der Bücher des Malik (Möge Gott ihm gnädig sein!) zu und wurde einer der großen Anhänger Maliks (Möge Gott ihm gnädig sein!).

Al Buwayti zog Einsamkeit und Askese vor. Er hatte keine Freude an der Gesellschaft im Kreise der Gefährten. Er beschäftigte sich mit dem Gebet und der Niederschrift des Kitab Al Umm, das jetzt dem Al Rabi' Ibn Sulayman zugeschrieben wird. Obwohl tatsächlich Al Buwayti dieses Werk niedergeschrieben hat, hat er doch seinen Namen darin nicht erwähnt und es sich auch nicht selbst zugeschrieben. Al Rabi hat nur noch einiges hinzugefügt und

Verbesserungen angebracht und dann das ganze Werk veröffentlicht.
Das Entscheidende daran ist, daß zur vollen Treue dem Freunde gegenüber auch die Liebe und Aufrichtigkeit Gott gegenüber gehören. Al Ahnaf sagte: »Freundschaft ist eine zarte Essenz. Wenn du sie nicht hütest, ist sie dem Unheil preisgegeben. So hüte sie durch deine Selbstbeherrschung, selbst wenn das so weit führt, daß du dich entschuldigst, wenn ein anderer dir Unrecht getan hat. Und hüte sie durch deine innere Zufriedenheit, indem du weder deine eigenen Tugenden noch die Fehler deines Freundes zu hoch bewertest.«
Zu den Kennzeichen der Wahrheitsliebe, Aufrichtigkeit und vollkommenen Treue gehört es auch, daß man sich sehr vor der Entfremdung vom Freunde hütet und ihre Ursachen schon instinktiv vermeidet, ohne daß es dazu der Überlegung bedarf.
Jemand hat gesagt: »Ich sah, daß die Schläge des Schicksals stets nur banale Ereig-

nisse sind, ausgenommen, wenn Freunde sich trennen.«

Ibn Uyayna zitierte diesen Satz und sagte dann: »Ich habe Menschen nach dreißigjähriger Trennung wieder getroffen. Und in all den Jahren habe ich es nie für möglich gehalten, daß mein Herz vom Trennungsschmerz loskommen könnte.«

Zur Treue gehört es auch, daß man auf übles Gerede, das über den Freund verbreitet wird, nicht hört, besonders wenn es von jemandem kommt, der vorgibt, den Freund zu schätzen, um keinen Verdacht zu erregen, der dann alles Mögliche über ihn erzählt und mutwillig Dinge über ihn verbreitet, die einem das Herz schwer machen. Das ist eines der heimtückischesten Mittel zum Entfachen von Zwietracht. Die Liebe eines Menschen, der sich dagegen nicht wappnen kann, kann niemals von Dauer sein.

Jemand sagte zu einem Weisen: »Ich bin gekommen, um mich um deine Liebe zu bemühen.«

»Ich werde sie dir geben«, antwortete dieser, »wenn du drei Dinge tust.«
»Was sind diese Dinge?« fragte der andere.
»Höre nicht auf übles Gerede über mich«, antwortete der Weise, »widersprich mir nicht und bring mich nicht dazu, überstürzt zu handeln.«
Zur Treue gehört es auch, daß du mit dem Feind deines Freundes nicht Freundschaft schließt. Al Shafi'i (Möge Gott ihm gnädig sein!) sagte: »Wenn dein Freund deinem Feinde ergeben ist, dann sind sie beide deine Feinde.«

Über die Pflicht zur Vermeidung von Förmlichkeit und Verlegenheit

Die achte Freundespflicht ist es, dem Freund weder Verlegenheit zu bereiten noch ihn mit Förmlichkeit zu belasten. Du solltest deinen Freund nicht mit Dingen in Verlegenheit bringen, die ihm nicht vertraut sind. Hingegen solltest du ihm Erleichterung verschaffen, wenn sein Herz von Sorgen und Nöten geplagt wird. Und du solltest ihn von den Lasten verschonen, die du selbst zu tragen hast. Du solltest ihn nicht darum ersuchen, daß er dir mit seinem Geld und seinem Einfluß zu Hilfe kommt. Du solltest ihn nicht in Verlegenheit bringen, mit dir höflich sein zu müssen oder sich deiner Sache anzunehmen, und deine Rechte zu verteidigen. Nein, der einzige Gegenstand deiner Liebe sollte Gott (Erhaben ist Er!) sein, der Segen, der dir durch das Gebet deines Freundes zuteil wird, die Freude, mit ihm zusammenzusein, seinen Beistand in religiösen Dingen zu haben und Gott (Erhaben ist Er!) dadurch näherzukommen, daß du dich bemühst, die Rechte deines Freundes zu wahren und für ihn zu sorgen.

Jemand hat gesagt: »Wer von seinen Freunden mehr verlangt, als diese von ihm, der verfehlt sich gegen sie. Wer von ihnen ebensoviel verlangt wie sie von ihm, der macht sie der Freundschaft müde. Wer aber nichts von ihnen verlangt, der ist wahrhaft ihr Wohltäter.«

Einer der Weisen sagte einst: »Wer sich seinen Freunden gegenüber höher stellt, als es seinen Fähigkeiten entspricht, der sündigt und schadet seinen Freunden. Wer sich ihnen gegenüber so stellt, wie es seinen Fähigkeiten entspricht, der wird der Freundschaft müde und auch die Freunde werden seiner müde. Wer sich aber weniger hoch stellt, als es seinen Fähigkeiten entspricht, der ist in Sicherheit und auch

seine Freunde sind dann in Sicherheit.«
Die Leichtigkeit vollkommen zu machen, bedeutet, auf alle Förmlichkeit so weit zu verzichten, daß der andere in deiner Gegenwart nicht mehr Verlegenheit fühlt, als wenn er mit sich allein ist.

Al Junayd sagte: »Wenn zwei Menschen Brüder in Gott werden, und sich einer von ihnen dem anderen gegenüber unwohl oder verlegen fühlt, dann ist mit einem der beiden etwas nicht richtig.«

Ali (Friede sei mit ihm!) sagte: »Der schlimmste Freund ist einer, dessen Gegenwart dir ein Gefühl des Unbehagens bereitet, der ein förmliches Betragen von dir verlangt und dich zwingt, ihm gegenüber Ausflüchte und Entschuldigungen zu gebrauchen.«

Al Fudayl sagte: »Unbehagen ist die Ursache des Zerbrechens von Freundschaften. Wer die Gegenwart seines Freundes unbehaglich empfindet, wenn er ihn besucht, der wird sich von diesem Freund bald trennen.«

A'isha (Möge Gott Gefallen an ihr finden!) sagte: »Der Gläubige ist des Gläubigen Bruder. Er beraubt ihn nicht und er bringt ihn nicht in Verlegenheit.«
Al Junayd sagte: »Ich habe in dieser Gesellschaft die Freundschaft von vier Gruppen von Menschen erlebt, in jeder Gruppe waren es ihrer dreißig. Da waren Harith Al Muhasibi und seine Leute, Hasan Al Masuhi und seine Leute, Sari Al Saqati und seine Leute und Ibn Al Karanbi mit seinen Leuten. Immer wenn zwei von diesen Freunde wurden und einer dem anderen gegenüber Verlegenheit oder Unbehagen empfand, dann war mit einem der beiden etwas nicht in Ordnung.«
Ein Mann wurde gefragt: »Wen sollen wir zum Freunde nehmen?« »Jemanden, der euch die Schwere der Verlegenheit leicht zu ertragen hilft«, antwortete er, »und der die Last des Förmlichen zwischen sich und euch fallen läßt.«
Ja'far Ibn Muhammed Al Sadiq (Möge Gott an ihm Gefallen finden!) sagte: »Am

schwersten habe ich es mit jenem meiner Brüder, der mir Verlegenheit bereitet und mit dem ich die äußere Form wahren muß. Am leichtesten ums Herz ist mir mit jenem, in dessen Gegenwart ich so sein kann, wie ich bin, wenn ich allein bin.

Einer der Sufis sagte: »Behandle nur den als deinen Vertrauten, dessen Achtung vor dir nicht größer würde, wenn du mehr Frömmigkeit hättest und nicht kleiner, wenn du Sünden begingest. Seine Einschätzung deiner Person sollte weder von deinen Verdiensten abhängen noch von deinen Sünden.«

Mit diesen Worten zeigt uns dieser Sufi den Weg zur Freiheit von Verlegenheit und Förmlichkeit. Denn sowie die Wertschätzung, die einer erfährt, von seinem Verdienst und seiner Schuld abhängig ist, wird er sich natürlich um förmliches Betragen bemühen, weil er weiß, daß er sonst in Gefahr ist, die Wertschätzung zu verlieren.

Einer hat gesagt: »Betrage dich höflich zu den Söhnen dieser Welt. Betrage dich weise

zu den Söhnen des Jenseits. Zu den Wissenden aber betrage dich, wie du willst.«
Ein anderer sagte: »Suche nur die Freundschaft eines solchen Menschen, der für dich bereut, wenn du sündigst, der sich für dich entschuldigt, wenn du Unrecht tust, der deine Last für dich trägt und sich um seine eigene selber kümmert.«
Wenn sich daran jeder halten würde, gäbe es wenig Freundschaft. So soll es nicht sein. Eher solltest du die Freundschaft von religiösen und intelligenten Menschen suchen und entschlossen sein, die erwähnten Bedingungen selbst zu erfüllen, aber nicht den anderen damit belasten, daß du dasselbe von ihm erwartest. Dann wirst du viele Freunde haben. Denn dann bist du wahrhaft ein Bruder in Gott. Andernfalls dient deine Freundschaft nur deiner eigenen Bequemlichkeit.
Jemand sagte zu Al Junayd: »Wahre Freunde sind rar in dieser Zeit. Wo kann ich einen Bruder in Gott finden?«
Al Junayd ließ ihn diese Frage dreimal

wiederholen, ehe er antwortete: »Wenn du einen Bruder haben willst, der für dich sorgt und der deine Last trägt, bei meinem Leben, solcher gibt es wenige und dünn sind sie gesät. Aber wenn du einen Bruder in Gott suchst, um seine Last und seinen Schmerz mitzutragen, dann gibt es eine ganze Schar von Anwärtern, die ich dir vorstellen kann.«

Da sagte der Mann nichts mehr.

Wisse, daß es drei Arten von Menschen gibt: Jene, deren Freundschaft dir nützen kann, jene, denen du nützen kannst und die dir weder nützen noch schaden können und jene, die dir nicht nützen können, wohl aber schaden werden, nämlich Narren, oder Menschen von üblem Charakter. Menschen der dritten Art solltest du meiden. Wer zur zweiten Art gehört, den vermeide nicht, denn sein Eintreten für dich und seine Gebete werden dir in der jenseitigen Welt ebensosehr nützen wie dein Verdienst, daß du dich seiner angenommen hast.

Gott (Erhaben ist Er!) sprach zu Moses (Friede sei mit ihm!): »Wenn du Mir gehorchst, wie viele sind dann deine Brüder!«

Er meinte damit, wenn du ihnen Trost gibst, Mitleid mit ihnen hast, und keinen Neid gegen sie empfindest.

Jemand hat gesagt: »Ich habe mir die Freundschaft von Menschen fünfzig Jahre lang ohne Unterbrechung bewahrt, denn ich bin mit ihnen so gewesen, wie ich bin, wenn ich allein bin.«

Wer so ist, der hat viele Freunde.

Zur Leichtigkeit und zum Freisein von Verlegenheit gehört es auch, daß man sich nicht widersetzt, wenn der andere besondere Frömmigkeitsübungen unternimmt. Eine Sufi-Gemeinschaft hatte einst den Brauch, daß Freundschaften nur auf der Grundlage der Gleichheit in vierfacher Hinsicht geschlossen wurden: Wenn der eine Freund an einem Tag alle Mahlzeiten einnahm, durfte der andere nicht sagen: »Faste!« Wenn einer fortwährend fastete, durfte der andere nicht sagen: »Brich dein Fasten!« Wenn einer die ganze Nacht hindurch schlief, durfte der andere nicht sagen: »Steh auf!« Und wenn einer die ganze Nacht hindurch betete, durfte der andere nicht sagen: »Geh schlafen!« Statt dessen machte der andere alles mit und tat weder mehr noch weniger, denn Ungleichheit bewegt das Gemüt stets zum Eingebildetsein und zum förmlichen Betragen.

Man hat gesagt, daß die Freundschaft Bestand hat, sobald man die Förmlichkeit fallen läßt und daß die Liebe von Dauer ist, wenn es jedem leicht fällt, die Gegenwart des anderen zu ertragen.

Einer der Gefährten des Propheten sagte: »Gott hat die verflucht, deren Gegenwart man unbehaglich empfindet.«

Und er (Gott segne ihn und gebe ihm Frieden!) sagte darauf: »Ich bin frei von Förmlichkeit und die Gottergebenen in meiner Gemeinde sind es auch.«

Jemand hat gesagt: »Die Gesellschaft eines Menschen ist vollkommen, wenn er im Hause seines Bruders folgende vier Dinge tut: Wenn er mit dem Freunde ißt, seine Toilette benutzt, mit ihm betet und bei ihm schläft.«

Einer der Älteren, in dessen Gegenwart dies erwähnt wurde, fügte hinzu: »Ein fünftes bleibt noch, nämlich daß er seine Frau in das Haus seines Freundes mitbringt und dort den ehelichen Verkehr mit ihr übt. Denn das Haus hat den Zweck, daß man dort in dieser fünffachen Hinsicht für sich allein ist. In jeder anderen Hinsicht ist die Moschee dem Herzen des Gläubigen der angenehmere Aufenthalt.

Wenn der Freund diese fünf Dinge beim Freunde tut, dann ist die Freundschaft vollständig, jede wechselseitige Fremdheit wird beseitigt und es entsteht mit Sicherheit eine ungezwungene Atmosphäre. Die arabische Grußformel: »Marhaban ahlan wa-sahlan«*, weist darauf hin. Sie besagt: Du bist uns willkommen, für dich ist Platz

* Wörtlich übersetzt: »Willkommen, Familie und Ungezwungenheit.«

in unserem Herzen und in unserem Haus, du gehörst zu unserer Familie, wir freuen uns an deiner Gesellschaft, ohne verlegen zu werden. All das soll mit Ungezwungenheit geschehen, ohne daß wir uns durch einen deiner Wünsche beschwert erachten. Ungezwungenheit und Leichtigkeit sind nur dann vollkommen, wenn du dich für geringer hältst als deine Brüder, wenn du viel von ihnen hältst, aber wenig von dir selbst. Wenn du sie für besser hältst als dich selbst, dann bist du in Wahrheit besser als sie sind.

Abu Mu'awiya Al Aswad sagte: »Alle meine Brüder sind besser als ich.« »Wie kommt das?« wurde er gefragt. »Jeder von ihnen hält mich für würdiger als sich selbst«, antwortete er »und jeder, der mich höher einschätzt als sich selbst, der ist in Wahrheit besser als ich.« Der Prophet (Gott segne ihn und gebe ihm Frieden!) sprach: »Vor der Religion sind Freunde stets gleich. Daher ist nichts Gutes in der Freundschaft eines Menschen, der dich nicht für ebenso hochstehend erachtet wie sich selbst.«

Der niedrigste Grad der Freundschaft ist es, den anderen mit den Augen der Gleichheit zu sehen. Die Vollkommenheit liegt aber darin, die Verdienste des Freundes höher zu schätzen als die eigenen.

Sufyan sagte: »Wenn du der schlimmste der Menschen genannt wirst und dich darüber ärgerst, dann bist du tatsächlich der schlimmste der Menschen.«

Das heißt, du mußt in dir immer von der Überzeugung ausgehen, du seist der schlimmste der Menschen. Dichter haben über die Bescheidenheit im Aufschauen zu Freunden zahlreiche Verse gemacht:

›Sei bescheiden zu denen,
die es dir danken
und denke nicht, du seist ein Narr.
Schließe nicht Freundschaft mit einem,
der auf seine Freunde herabsieht.‹

Und ein anderer hat gesagt:

›Viele Freunde
traf ich durch meine Freunde

und fand sie mir lieber am Ende
als die Freunde, durch die ich sie traf.
Viele Gefährten
treff ich auf meinem Weg,
um den einen zu finden,
der niemals unehrlich ist.‹

Immer wenn du dich deinem Freund überlegen fühlst, setzt du ihn dadurch herab. Und das ist unter Moslems in jedem Fall tadelnswert. Der Prophet (Gott segne ihn und gebe ihm Frieden!) sagt: »Der Gläubige kann nichts Schlimmeres tun als seinen Bruder gering schätzen.«

Zur vollkommenen Überwindung von Verlegenheit und Unbehagen zwischen dir und deinem Bruder gehört es auch, daß du deine Freunde in allem zu Rate ziehst, was du planst und dir von ihnen raten läßt. Er (Erhaben ist Er!) spricht: »Zieht sie in dieser Sache zu Rate!« (Koran, Sure 3)

Keines deiner Geheimnisse solltest du ihnen vorenthalten. Bedenke die Geschichte des Ya'qub, Sohn von Ma'rufs Freund, welcher zu berichten wußte:

»Aswad Ibn Salim kam zu meinem Onkel Ma'ruf, dessen Freund er geworden war und sagte zu ihm: ›Bishr Ibn Al Harth möchte dich zum Freunde nehmen, aber er scheut sich, mit dir von Angesicht zu Angesicht darüber zu sprechen. Darum hat er mich hergesandt, dich zu fragen. Wenn das Band der Freundschaft zwischen dir und ihm geschlossen ist, dann wird er es ehren und respektieren. Er ist aber nur unter folgenden Bedingungen dazu bereit: Er möchte nicht, daß die Freundschaft öffentlich sichtbar wird und es soll auch zwischen dir und ihm keine Besuche und kein Zusammentreffen geben, denn er verabscheut das viele Zusammentreffen.‹ Darauf sagte Ma'ruf: ›Was mich betrifft, wenn ich einen anderen zum Freund nehme, dann möchte ich weder am Tage noch bei Nacht von ihm getrennt sein. Ich besuche ihn immer wieder. Und unter allen Umständen habe ich ihn lieber als mich selbst.‹ Und dann erwähnte er noch zahlreiche Überlieferungen des Propheten über die Vorzüge der Brüderlichkeit und der Liebe von Gottes wegen und sagte: ›In der Überlieferung heißt es, daß der Prophet (Gott segne ihn und gebe ihm Frieden!) Ali zum Freund nahm, ihm dann sein Wissen anvertraute und dann noch leibliche Verwandtschaft mit ihm begründete, indem er ihm seine liebste und beste Tochter zur Frau gab. Diese Vorzüge gewährte er ihm um der Freundschaft willen. Ich mache dich nun zum Zeugen dafür, daß zwischen diesem Mann und mir Freundschaft geschlossen wurde und daß ich mich auf deine Botschaft hin verpflichtet habe, ihm ein Bruder in Gott zu sein. Wenn er mich nicht besuchen möchte, dann bin ich damit zufrieden, aber ich werde ihn besuchen, wann immer ich möchte. Und sage ihm, daß er mir nichts über sich verbergen soll und mich über all seine Lebensumstände informieren.‹ Ibn Salim berichtete dies Aswad Abn Al Harth. Und dieser war damit einverstanden und freute sich darüber.«

Was deine Fähigkeiten zur Freundschaft beitragen können

Das also sind die Pflichten der Freundschaft. Wir haben sie teils nur allgemein, teils sehr eingehend beschrieben. Aber die Sache ist nicht vollkommen, solange du diese Pflichten nicht zugunsten deines Freundes auf dich genommen hast und sie dein Freund nicht zu deinen Gunsten auf sich genommen hat – und solange du dich nicht zum Diener dieser Pflichten gemacht hast. Darum mußt du all deine Fähigkeiten zur Erfüllung dieser Pflichten heranziehen.

Was die Fähigkeit des Sehens betrifft: Betrachte deine Freunde mit Liebe, so daß sie um deine Liebe wissen, schaue auf ihre Vorzüge und übersieh ihre Fehler. Wende deine Aufmerksamkeit nicht von deinen Freunden ab, wenn sie zu dir kommen oder so lange sie bei dir sind. Es wird erzählt, daß der Prophet (Gott segne ihn und gebe ihm Frieden!) jedem, der mit ihm zusammensaß etwas von seiner guten Gemütsverfassung übertrug und daß jeder, der ihn besuchte, hinterher von ihm sagte, er habe noch nie einen so großzügigen Menschen erlebt. Er saß da, hörte zu, sprach und erkundigte sich und das alles an ihm war gänzlich auf seinen Gesprächspartner eingestellt, dem auch seine ganze Aufmerksamkeit galt. Seine Gesellschaft war ein Ort der Bescheidenheit, der Demut und der Zuversicht. Darüber hinaus war er (Gott segne ihn und gebe ihm Frieden!) von allen Menschen am meisten dem Lächeln und dem gemeinsamen Gelächter mit seinen Gefährten ergeben und er war voll Bewunderung für das, was sie ihm erzählten. Um seinem Beispiel zu folgen und ihm Ehre anzutun (Friede sei mit ihm!), pflegten seine Gefährten in seiner Gegenwart zu lächeln und zu lachen.

Was das Hören betrifft, besteht sein richtiger Gebrauch für die Freundschaft darin, daß du den Worten deines Freundes mit Vergnügen lauschst und ihm durch deine bestätigenden Antworten immer wieder zu verstehen gibst, daß du ihn verstanden hast. Unterbrich die Rede deines Freundes nie mit Absicht oder mit einem Geist, der auf Streit, Beleidigung oder Widerspruch eingestellt ist. Wenn deine Aufmerksamkeit von seiner Rede abgelenkt wird, dann entschuldige dich dafür. Hüte dich davor, Dinge zu hören, die für deine Freunde unangenehm sind.

Was die Zunge betrifft, so haben wir ihre Pflichten schon erwähnt und es gab viel darüber zu sagen. Wichtig ist auch, daß du deine Stimme nicht gegen deine Freunde erhebst und daß du zu ihnen nicht über Dinge sprichst, die sie nicht verstehen.

Was die Hände betrifft, ist es deine Pflicht, diese niemals davor zurückzuziehen, deine Brüder in allem zu unterstützen, was Hände tun können.

Was die Füße betrifft, verwende sie dazu,

wie ein Gefolgsmann hinter deinen Freunden herzugehen, nicht zu schnell zu gehen und ihnen nicht vorauszugehen, es sei denn, daß sie dich vorausschicken, und ihnen nicht zu nahe zu kommen, es sei denn, daß sie dich darum ersuchen. Stehe auf, wenn sich dein Freund dir nähert, setze dich erst, wenn er sich gesetzt hat, und sitze dann mit bescheidener Körperhaltung.

Wenn die Vereinigung der Freundschaft vollständig ist, wird die Wichtigkeit einiger dieser Pflichten geringer, z. B. des Aufstehens, der Entschuldigung und des Lobes, denn das sind Pflichten der Gefährtenschaft, die ein Element der Entfremdung und des Förmlichen in sich tragen. Wenn die Vereinigung vollkommen ist, verschwindet die Förmlichkeit gänzlich und du beträgst dich dann zu deinem Freunde wie zu dir selbst. Denn diese Sitten des Äußeren sind nur die Umhüllung des Inneren und der Reinheit des Herzens. Wenn die Herzen einmal gereinigt sind, ist keine

Förmlichkeit mehr notwendig, um ihr Inneres sichtbar zu machen.

Wer sich nach der Freundschaft mit den Geschöpfen richtet, der wird manchmal krumm gehen und manchmal gerade. Wer sich aber nach dem Schöpfer richtet, der geht immer den geraden Weg, innerlich und äußerlich. Die Liebe zu Gott und Seinen Geschöpfen schmückt sein Inneres. Sein Äußeres aber gewinnt durch die Anbetung Gottes und den Dienst an Seinen Dienern an Schönheit. Diese beiden Dinge sind der höchste Gottesdienst, denn nur durch den eigenen guten Charakter kann man sie erlangen. Sogar der Sklave kann durch guten Charakter den Grad jener erreichen, die vollständiges Fasten einhalten – und noch mehr.

Inhalt